O poder Interior

por Luciana Attorresi

Com os ensinamentos dos Abraham

BRASIL

2015

Produção independente

Sumário

Direitos Autorais e esclarecimentos gerais

Catalogação da Publicação

Abraham (Entidade de Seres de Luz que se identifica como Abraham)

O Poder Interior: comunicação telepática por Luciana Attorresi

ISBN: 9788569333029

Editor e realizador geral desta obra: Rogerio Attorresi

APRESENTAÇÃO E AGRADECIMENTOS

Rogerio Attorresi - responsável da realização e edição geral deste Livro

Este livro foi **totalmente** elaborado das mensagens canalizadas dos Abraham através de Luciana Attorresi. Esta Canal recebeu o convite para escrever este livro em 17 de abril de 2015, um dia depois a Canal já havia iniciado a receber o primeiro capítulo dos Abraham, finalizando-o em 1°de junho 2015. Pela primeira vez no Brasil , a entidade de Luz Abraham se manifesta através desta Canal, junto a ela, é também a primeira vez que um livro é redigido originalmente no idioma português.

Gostaria de lembrar ao querido leitor, que este livro é muito especial, pois aqui não tem somente mensagens que te dão o "caminho das pedras" para obter o poder interior, mas também códigos energéticos de Luz, que ao lerem, passam a envolver todo o teu Ser. É um livro fascinante e gostoso de se ler. A cada momento que a autora finalizava a comunicação telepática que os Abraham passavam para ela, mesmo de editá-lo, eu não resistia em ler.

Tenho certeza que você, não se sentirá desanimado com este livro, ele te dará uma vontade enorme de viver, de ver quanto a tua vida é maravilhosa, e o quanto você pode aproveitar dela e ser feliz.

Deixo aqui meus agradecimentos pela oportunidade de fazer parte deste lindo projeto de Amor e Luz junto aos Abraham, e também agradecer minha querida companheira de jornada, que juntos, estamos conseguindo cumprir nosso plano de Alma e consequentemente a nossa missão que escolhemos ao encarnar em Gaia.

Luciana Attorresi - autora

Desde pequena, eu sentia uma espécie de "saudade" - até hoje é difícil para mim explicar o que eu sentia - de algo ou alguém, às vezes parecia que se tratava de vestígios de uma lembrança que eu não conseguia me lembrar. Às vezes era uma sensação forte, e outras suaves. Há mais ou menos dois anos atrás, quando eu comecei a abrir os meus horizontes, eu estava em meio a uma crise existencial, aquelas onde tudo á tua volta está te gritando, *"crie uma outra estrada, essa não é pra você"*.

Numa manhã, quando eu estava fazendo as minhas orações e agradecimentos, em meio as minhas lágrimas, resolvi parar de resistir, resolvi aceitar que tudo na minha vida deveria mudar, e foi nesse momento que eu senti essa "saudade" mais forte do que nunca, e naquele momento, eu percebi que era uma presença, mas de quem?

Sem saber da resposta continuei a buscar essas mudanças tão necessárias dentro de mim. Eu lia muito, eu tinha uma fome de conhecimento que até para mim mesma era difícil de explicar. Mesmo sem saber ao certo o porquê, comecei meditar, pois acreditava que isso iria me ajudar no "regresso para casa". Com poucos meses de meditação, percebi que tinha "alguém" que estaria querendo falar comigo.

Até que um dia, no meio da meditação, senti a presença novamente, e de repente, senti um bloco de informações que chegava na minha cabeça, "*Olá minha querida, eu sou o teu anjo da guarda*".

Daquele dia em diante, eu comecei a entender que eu podia receber mensagens de Seres de outras dimensões. Então, comecei a falar como meus Mentores, com Arcanjos, Seres de outros planetas e Mestres Ascensos.

Me lembro como se fosse hoje. Um dia eu e o Rogerio estávamos diante ao computador, ele no dele e eu no meu, fazendo cada um suas tarefas, quando ele me disse que estava falando com uma pessoa e dizendo que os Abraham queriam falar comigo.

Naquele momento, eu senti uma alegria tão grande sem saber o porquê, e durante a conversa por chat que o Rogerio fazia com aquela pessoa, vinha a mensagem que era para eu acreditar na minha capacidade para falar com Eles. Expliquei para o Rogerio naquele momento - pois ele não entendia do porquê Eles estavam falando em *capacidade* - que eu já tinha sentido a presença Deles outras vezes, mas realmente eu acredita que estava enganada, que aquela era somente uma vontade minha em me comunicar com Eles, que me estava induzindo a pensar que fosse a presença Deles.

Não consigo descrever a felicidade que eu senti com as palavras que Eles me enviaram, eu sentia que o amor estava transbordando de dentro de mim. Comecei a me comunicar com eles naquele mesmo dia, e depois de algum tempo, Eles me disseram que nós começaríamos a responder perguntas das pessoas e que iríamos escrever um livro.

Me lembro que naquele dia, depois que terminei essa conversa com Eles, comecei a contar para o Rogerio tudo o que Eles tinham dito, e comecei a chorar, porque naquele momento eu tinha a mais absoluta certeza que eu estava iniciando a minha missão, e mais uma vez, eu me sentia transbordando de amor, mais uma vez, as minha lágrimas escorriam dos meus olhos de felicidade.

Agradeço ao Universo, por tudo aquilo que eu passei até agora, pois cada situação colaborou para a construção de quem eu sou hoje.

Prefácio

Gabriel Raio Lunar (pseudônimo como se apresenta para escrever e administrar o blog) - Blog Semente das Estrelas

Primeiramente, quero agradecer de todo coração, aos Abraham, Luciana e Rogério, pela gentileza de me convidarem para escrever o prefácio.

Três dias antes do convite feito para mim, eu senti os Abraham comigo e, em minha tela mental, eles mostraram a Luciana e o Rogério, o motivo para esse contato não estava claro para mim no momento. Pouco tempo depois, o convite para escrever o presente prefácio chegou para mim. Os Abraham vieram me convidar antes do Rogério e da Luciana, fato que nos deixou muito felizes.

Tenho muita gratidão pela oportunidade de apresentar este trabalho!

De todas as energias canalizadas pela Luciana, a que mais me chama à atenção é a dos Abraham. Sua simplicidade na forma como se expressam, além da objetividade e a seriedade mesclada com humor me toca profundamente.

Quando iniciei a leitura do livro, que me prepararia para escrever este prefácio, imaginei que precisaria ler até o final para compreender seu conteúdo, porém no instante em que comecei a ler, a energia contida no livro tomou conta de minha consciência e com um forte impulso eu pude entender tudo que eu leria a diante. Isso pode parecer estranho para um leitor não habituado com uma situação dessa, no entanto, os Seres de Luz comunicam-se de forma muito mais veloz do que nossas palavras humanas, eles entregam a compreensão completa de um determinado assunto, de forma semelhante a um "download" de informações.

É uma leitura maravilhosa e inspiradora, principalmente para as pessoas que sentem dificuldade de se deixar levar pelo fluxo, pessoas que não conseguem se desamarrar das cordas da vitimação.

O Livro é uma chave que dissolve a dúvida sobre coração e mente, sobre o que é um e o que é outro, sobre as consequências de seguir um e outro. Após ler este livro, você, caro leitor, dissolverá a dúvida sobre essas questões, entrará nesse espaço antes ocupado pelas dúvidas e incertezas, fará uma verdadeira faxina e estará pronto para preencher esse espaço com Luz. As verdades iluminadas contidas neste livro o levarão a isso.

Muitas vezes, em meu trabalho no Sementes das Estrelas, eu recebo questões sobre como diferenciar a mente do coração, se podemos de fato confiar no coração, ou qual as sensações que temos quando ouvimos o coração ou a mente.

A definição e explicação dadas pelos Abraham ao longo do livro é excelente!

Respostas dadas de forma objetiva e sem deixar margem para dúvida. Sem muito esforço para entender, você perceberá que cada resposta, cada palavra dos Abraham, sutil e precisa, era o que de fato você estava precisando.

Muitas pessoas não conseguem entender quando se deparam com algumas situações que as pega de surpresa: *"Eu não esperava que isso me acontecesse, porque isso sempre acontece comigo?!"* - Bem, os Abraham respondem muito bem isso:

"Não é que vocês estão dizendo uma mentira consciente, é que apenas, vocês estão olhando somente as palavras, mas vocês vibraram exatamente aquilo. Vocês compram um carro e fazem o seguro dele, colocam travas de segurança, guardando sempre dentro da garagem, sempre quando param no semáforo, olham para todos os lados para não ser assaltados, e tudo aquilo que vocês estão vibrando, é medo. E o medo cria o vórtice do mesmo jeito que alegria cria vórtice, e esse vórtice vai pegando força até o momento que, aquilo o que você não quer, acontece. Você é assaltado, e o teu carro é roubado. Não foi criada sozinha aquela situação, ela foi criada por você." - Abraham

A questão, caro leitor, não é o que é falado, mas o que está sendo vibrado. A vibração é a usina criadora e os Abraham exemplificam muito bem nesta obra.

Normalmente, as pessoas esperam respostas complexas para as suas questões, já que acreditam na maioria das vezes, que para entender a vida e o seu interior, é necessário uma grande explicação filosófica, quando na verdade, é tão simples quanto um piscar de olhos, tão simples quanto ler e ouvir os Abraham.

Solte as rédeas, querido leitor, quando iniciar a leitura deste livro, relaxe e se solte, você irá entrar no fluxo maravilhoso da aceitação, simplicidade, suavidade, e entenderá que tudo é muito simples, basta que se entregue para sentir a leveza contida na obra.

Falar mais deste livro aqui para vocês, queridos leitores, seria "entregar o tesouro", antes de chegar ao final do "arco-íris". Como disse, esse livro me segurou no AGORA e o que posso fazer neste momento é dizer: "Sente-se, querido leitor, e se entre no fluxo". É isso que o livro passa: a nítida sensação de estar em um rio de Luz fluindo sem barreiras ou impedimentos no caminho.

"Como quando você acessa um site de compras. Você escolhe o produto, coloca no carrinho, passa o cartão de crédito e a compra está feita. E aí vem a parte interessante, você sente que comprou aquele bem, mesmo que ainda passará alguns dias até que chegue em suas mãos, mas desde o momento em que o site te escreve: 'a compra foi efetuada com sucesso'. Você sente que aquilo já é seu. Essa seria a postura correta em

relação ao seu sonho, o seu desejo. A partir do momento em que você cria, ele já é seu, como chegará até você não importa, mas ele já é seu." - Abraham

Então, meu caro leitor, se esse livro chegou até você, você já esperava por ele. Venha para a leitura de coração aberto e você verá que é simples, muito simples seguir o fluxo e consequentemente estar receptivo às sincronicidades positivas que estão sempre à sua espera.

Boa leitura, ótimo mergulho no interior, ótimo descansar no fluxo.

Nota do editor:

Quando foi finalizado este livro pelos Abraham, venho junto com o encerramento, uma mensagem Deles para a Canal, dizendo:

"Você sabe que desde o início, você sentiu que o prefácio deveria ser escrito pelo Gabriel, e isso é verdadeiro. Nós acreditamos que ele seja a pessoa mais indicada para fazer o prefácio deste livro." Abraham - 1° de junho de 2015

Portanto, o convite que foi feito ao Gabriel para escrever o prefácio deste maravilhoso Livro, foi sob orientação Divina.

Mensagem dos ABRAHAM para o querido leitor:

Nós, os Abraham, queremos mostrar a você querido leitor, quanto poder que existe dentro de você está sendo desperdiçado no estresse da vida cotidiana.

Este livro tem como intenção, ajudá-los a encontrar as chaves que abrem as portas para a paz e a tranquilidade que você tanto almeja.

Tudo aquilo que iremos dizer, não será nenhuma surpresa para tua alma, pois nela já se encontra toda paz e toda tranquilidade que existe no Universo.

Abraham - 18 de abril 2015

Por que existe tanto tumulto e confusão na minha vida?

Desde o início da tua primeira encarnação, a tua vida teve uma única intenção, experienciar.

Quando o Criador te ofereceu essa possibilidade, você ficou feliz com a ideia de experienciar coisas que você nunca tinha vivido antes.

Você sabia que haveria os obstáculos e que estes seriam as oportunidades para viver momentos de superação.

Mas em nenhum momento você achou que isso seria algo sem solução, algo que seria maior do que você. Com o tempo e, encarnação após encarnação,você foi perdendo essa visão elevada da sua experiência e começou a enxergar que os "problemas" eram maiores que você, e começou a colocar todo foco neles, sem deixar espaço para que o Universo trouxesse a solução para você.

Eu tenho o poder de resolver qualquer problema?

Nós te diremos, sim e não, pois a solução para todos "problemas" já existe dentro de você.

Mas o que acontece, é que quando você está em uma escala de sentimentos de baixa frequência, você não estará permitindo que a tua parte divina aflore e possa te trazer a solução que você tanto quer.

Mas quando você relaxa e aceita aquela situação, acontece a entrega ao Universo, então o Universo por meio da tua alma te trará a solução.

A vida pode ser melhor do que essa que estou vivendo agora?

A vida ou experiência está sempre em constante expansão, não existe um teto máximo para felicidade, para o prazer e para a harmonia.

Quando você se coloca na posição de parte integrante do Universo, você percebe que todo movimento faz parte de uma nova aventura, que mudará completamente a tua vida e que será ainda mais bonita e cheia de cores.

Claro que tudo depende do teu olhar, se os teus olhos são acostumados a ver a Luz ou se eles estão acostumados a ver escuridão.

A minha vida quando eu era mais jovem, era mais fácil?

Sim, essa é uma grande verdade. Quando você era jovem, você tinha menos "responsabilidades", que na verdade são crenças limitantes que te fazem ver a vida de maneira inflexível, onde não tem espaço para as vontades, onde você é obrigado a ser como os outros querem que você seja.

Na juventude você é mais livre, então você não se curva diante dos problemas, quando você os via, pensava logo em um modo para resolvê-lo e então como um passe de mágica a solução aparecia.

Posso confiar no meu coração?

Primeiro é preciso entender o que é o coração e o que é a Mente humana.

É muito fácil saber quando o desejo vem do coração ou da Mente, pois quando o desejo vem do coração ao pensar nele você se sente livre, teu corpo se tranquiliza e você se sente em paz.

Mas quando vem da Mente, o teu corpo te respondi com tenção, você se sente presa ou nas pessoas ou nas situações, e geralmente a tua conversa interna começa com as palavras "*eu tenho que fazer ...*" . Escutar a Mente pode ser "mais fácil", mas não te dará a felicidade que te dará o coração.

Se nós somos Um, porque existe tanta desigualdade no mundo?

No mundo não existe uma pessoa sequer que seja igual outra. Por isso, cada uma dessas queridas almas encarnadas, estão fazendo seus percursos evolutivos que deseja fazer. Sabemos o quanto é difícil para vocês enxergarem isso com bons olhos, mas essa é a verdade, por mais "dura" que seja a realidade daquela alma, foi ela quem escolheu passar por isso. Mas de modo algum ela não pode fazer progressos e parar de sofrer, aliás foi exatamente o que ela veio fazer aqui, superar aqueles obstáculos que estão na sua experiência.

Como devo me comportar com pessoas que me fazem mal?

Não existe uma pessoa sequer neste planeta que tem o poder de te fazer mal. Toda situação que você vive é atraída por você. Sabemos que muitos acreditam nisso até um certo ponto, e depois disso começam a colocar a "culpa" nos outros. Mas isso querido, não existe, aquele que te fez " mal" foi atraído por você, isso é um fato. Então se essa situação chegou até você e te provocou dor, olhe bem para ela, agradeça aquela experiência, perdoe a situação e a pessoa envolvida, e mude seu ponto de atração.

Todas essas perguntas foram apenas alguns exemplos de pensamentos que não vem da vossa parte Divina. Eles vêm da Mente, que trabalha com apenas três coisas: com os olhos, com o passado e com o futuro. Então vocês percebem que todos os indícios que a mente usa para avaliar uma situação são externos.
Aquilo que os olhos veem, aquilo que já foi e aquilo que vai vir. Para nós, aquilo que você vê é apenas uma percepção da realidade, pois a realidade está sempre ligada ao ângulo de que você vê. Ela não tem uma vida própria, ela precisa da tua avaliação para existir. Logo duas pessoas podem ter opiniões diferentes sobre o mesmo assunto. Então como é possível confiar naquilo que os teus olhos veem?

Outra forma de avaliação da mente é um parâmetro passado/futuro. Para ela, passado/futuro estão sempre presentes no dia a dia de vocês. O passado, ela usa para fazer seus cálculos de que aquela situação é boa ou ruim, e o futuro ela usa para fazer projeções que são na verdade peças de teatro que ela usa como possíveis verdades. Veja, todas essas "ferramentas" que a Mente usa são externas, ela não leva em consideração se você está se sentindo bem ou não com aquela situação. Ela não te conduz ao caminho mais fácil, ela te conduz ao caminho que ela será mais útil, ou seja, aquele que te dará mais trabalho. Nós vemos muitas vezes que muitos de vocês, ás vezes, não estão satisfeitos se alguma coisa é fácil. Tem aqueles que dizem, "*isso é fácil demais ... Assim não tem graça* ".

Nós achamos engraçado isso, pois vemos o Universo fazendo várias manobras para dar a vocês algo que vocês têm desejado da maneira mais fácil e harmoniosa, justamente por isso, vocês acham que tem menos valor. Isso porque "não foi suado", mas quando algo é muito difícil, muitos pensam "Deus não existe". Mas tudo isso é a Mente que quando se sente ameaçada, sem um uso específico, ela tenta mostrar de alguma forma, que aquilo não é bom para você e como último recurso, ela fica jogando do passado para o futuro e do futuro para passado, te colocando que aquelas situações são reais, e então, você fica usando parâmetros ilusórios para fazer suas escolhas. Essas são armadilhas da Mente que te fazem perceber os piores cenários que na verdade não existem e que uma vez caído naquela armadilha, você sente que não tem escolha, que você tem que sofrer por aquela estrada que está se apresentando para você. Mas se você acorda para a realidade Divina onde você sempre tem uma outra opção e que suas escolhas têm que serem feita sem base ao teu bem-estar, a tua vida ganha um olhar mais elevado, porque você estará começando a ser guiado pelo teu poder interior, que nunca irá te mostrar uma única estrada, sempre te dará uma outra alternativa, mesmo que essa alternativa seja não fazer nada.

Como reconstruir a tua vida

Para nós, você está sempre bem, porque dizemos isso? Por que você veio aqui para experienciar, então toda experiência corresponde com a tua primeira intenção, a experiência, sem discriminação alguma.

Partindo deste princípio, você pode estar passando por qualquer situação, ela é somente uma experiência, não é algo que tem o poder de tirar a tua paz, a tua alegria ou a tua felicidade. Elas apenas são circunstâncias, e quem tira o teu bem-estar é você mesmo, acreditando que aquilo tem o poder maior do que o teu. Então você luta e luta contra aquela circunstância para "vencê-la", fica exausto e triste.

Quando na verdade tudo o que você deveria fazer, é olhar para aquela situação, entendê-la, colocá-la de lado e voltar a estar em equilíbrio, voltar a ser feliz, pois o sofrimento é uma escolha e não uma consequência daquela situação.

Se pergunte: *"como eu faço para me sentir melhor?"* , *"como faço para sair dessa situação?"*. Essas, são perguntas úteis para te ajudar a começar a enxergar um outro caminho. Mas atenção, sempre que você fizer uma pergunta, esteja em alerta para a resposta, porque ela sempre chega. A questão sempre está no fato de você conseguir ou não sair da escala de sentimentos de baixa frequência.

Por que sempre que a tua vida está mostrando situações complexas, é porque você está passando a maior parte do tempo com sentimentos de baixa frequência. Mas quando você muda de postura e decide ser feliz de qualquer maneira, o Sol começará a brilhar na tua vida, pois o Universo responderá àquela frequência e até mesmo as pessoas ao teu redor vão ver que você está diferente, sem saber exatamente o que é. Mas você saberá, que é o teu sol interior que está brilhando.

A vida deve ser vivida com toda intensidade que você conseguir, pois é neste momento que ela acontece. No Agora, estão todas as possibilidades que você tem para ser feliz.

No Agora, estão todas as ferramentas para você conseguir amar e ser amado, você não deve permanecer procrastinando a felicidade como muitos fazem:

"faço isso quando eu me aposentar" ou *"no final de semana eu vou me divertir"* ou *"nas minhas férias vou ser a pessoa mais feliz do mundo"*, essas expressões fazem parte de uma cultura que coloca a procrastinação do bem-estar como meio de recompensa, que primeiro se deve fazer a obrigação e depois a diversão.

Quando na verdade, você está adiando o teu bem-estar para um tempo que não existe e que também você não tem como saber se existirá realmente. Por isso que nós insistimos tanto para que você procure a tua felicidade agora, nem que seja nas menores coisas.

Quantas vezes você deixou de fazer algo que queria fazer naquele momento, achando que poderia fazê-lo depois, e esse "depois" nunca existiu, e você teve que constatar que jogou fora uma grande oportunidade. A tua vida está sempre sobre o teu comando. Decida por ser feliz, sem se importar com as circunstâncias, busque o teu bem-estar e você começará a ver as sincronicidades acontecerem, te levando pelo caminho que você escolheu.

A vida não está fora, está dentro

Alguns de vocês já descobriram, mas a maioria ainda não sabe que a vida começa dentro de cada um. Nós não estamos nos referindo a batida do teu coração, nós estamos nos referindo a consciência.

Quem já descobriu isso, descobriu também que o meio mais fácil para acessá-la é a meditação, pois quando você está meditando, você diminui o ritmo dos pensamentos, e quando isso acontece, a tua consciência pode começar a ter o espaço que normalmente ela não teria, e naquele momento você começa a ter acesso a informações importantes.

Literalmente, a consciência começa a se expandir, trazendo para fora uma riqueza de informações e sentimentos que você irá se sentir diferente, mais completo.

A meditação, é o único meio da tua consciência ser chamada para o comando da tua existência. Ela é a tua parte Divina que está ansiosa para ter a oportunidade de mostrar que a tua vida pode ser mais fácil e prazerosa. Mas também, a tua consciência irá te mostrar com clareza que a estrada que você está percorrendo está cheia de buracos, esses buracos, foi você mesmo quem fez, e muitas vezes, isso não é um momento fácil.
Nem sempre é agradável olhar para própria vida com os olhos abertos. Mas essa é a única maneira de acordar para realidade, procurando "as falhas" e então encontrar soluções.

A meditação, não consiste em estar sentado em uma posição específica. Ela está somente na entrega de querer diminuir os pensamentos. Então, sente-se ou deite-se em uma posição confortável e entregue aquele momento ao nada. Tente não pensar em nada, e sempre que vier um pensamento, coloque-o de lado. Faça isso por 15 minutos por dia e você verá como a tua vida começará a brilhar de uma maneira diferente.

O que é preocupação?

É "pré-ocupar-se" de algo que acontecerá no futuro.

 "Preocupações são sinônimos de jogar fora seus momentos"

Nós poderíamos encerrar essa parte por aqui mesmo, que já estaria muito bem explicado. Mas vamos falar mais um pouco.

- Como é possível se ocupar de algo que ainda não chegou no teu agora?

Por mais que tenha a probabilidade de acontecer, ainda não aconteceu, e por um outro lado também existe a possibilidade de nunca acontecer. A preocupação parte de um sentimento de baixa frequência, do medo, pois se você não tiver medo a preocupação não aparece.

Veja, toda preocupação nasce da escassez de algo. Como por exemplo "*eu tenho medo de não pagar o aluguel*" - porque não sabe se terá dinheiro o bastante, "*Estou preocupado com o futuro do meu casamento*" - Tem medo que o amor que os une, esteja deixando de existir, "*estou preocupado com meu trabalho*" - tem receio de não ter feito um bom trabalho. A preocupação sempre nasce da falta de algo que está sendo projetado no futuro.

A vida não pode ser vista como um percurso com começo e fim. A vida é apenas um caminho.

Na verdade a vida é somente as tuas pegadas neste caminho. É como se a cada dia, você desse um passo em uma estrada que não tem fim. Então, é impossível você fazer uma projeção para o futuro como um prêmio por ter chegado em um determinado lugar, se na verdade, não se tem nenhum lugar para se chegar.

Todos aqueles que aprenderam, que a única coisa que a vida espera de você é o teu passo, aprenderam a viver no agora, aprenderam também aproveitar as sincronicidades que acontece para viver sem esforço, na mais absoluta tranquilidade.

Imaginem um curso d'água, agora imagine um nadador subindo esse curso d'água. O que ele está fazendo? Exatamente, esforço.

Assim é você e o fluxo do bem-estar. Se você tentar subir - nadar contra a maré - você fará muito esforço, ficará cansado e sem motivação para percorrer o caminho. Mas se você parar de nadar contra a maré, e decidir que é a hora de aproveitar o fluxo do bem-estar, aí sim os milagres começarão acontecer.

Por que sem perceber, vocês fazem isso o tempo todo. Quando na verdade, é só relaxar e aproveitar a paisagem. Desapegue de tudo que vos foi ensinado, porque até agora vocês só aprenderam a viver uma vida dirigida pela mente, enquanto que o teu coração era deixado de lado, como uma parte que só queria "sombra e água fresca", mas que assim não era possível levar a vida adiante. Você é muito mais importante do que você imagina, e durante toda a tua vida, te disseram que existiam coisas mais importantes do que os teus desejos.

Você queria uma roupa nova, mas isso não era importante, o que você tinha que fazer mesmo, era pagar suas contas da casa. Você queria um trabalho que te desse satisfação, mas importante mesmo, era ter estabilidade, e a vida foi passando e você foi acumulando muitos desejos guardados em algum lugar dentro de você, te trazendo frustrações e uma ansiedade enorme por uma vida diferente. Mas a única forma da tua vida mudar, é você começar a parar de viver do passado/futuro e não acreditar mais naquilo que os teus olhos veem, mais sim acreditar naquilo que diz o teu coração. Então você vai parar de se debater e começará a deixar o fluxo te levar.

Tudo começa dentro de você

Seja a melhor ou a pior coisa que possa te acontecer, ela começa dentro de você. Ainda a maioria das pessoas não acredita nisso. Ainda se acredita que algo externo pode "prejudicar" a vida. Mas deixe que te explicamos uma coisa, tudo na vida é frequência.

É como sintonizar uma rádio ou um canal de TV, se você quer escutar uma determinada rádio, você sintoniza o seu número e ali está ela. Mas se você coloca um número que seja errado, fica impossível escutá-la, então o que vocês fazem na maioria das vezes é; entram em sintonia com uma frequência e não gostam do resultado, não gostam daquilo que vocês sintonizaram.

Ao invés de mudar a vossa frequência, vocês permanecem nela o maior tempo que for possível e fica esperando que todo cenário externo mude. Mas isso é impossível de acontecer, e essa é uma das crenças mais fortes que existe.

A crença de ser vítima das circunstâncias. A crença de ser um coitadinho, que só faz o bem e que a vida é injusta com você. Querido, a vida começa dentro de você, não é você que vive na vida, é a vida que existe a partir de você.

Sem você ela não existe, sem você nada que está acontecendo ao teu redor existiria. Então é claro que você é a força motriz de tudo aquilo que te circunda. Não desanime com as circunstâncias que estão envolvendo a tua vida neste momento. Olhe bem ao teu redor e entregue tudo ao fluxo. Aceite, não no sentido de desânimo, mas sim no sentido de saber que aquilo existe, é um fato, mas que pode ser mudado com a tua vontade de seguir o fluxo.

Cada um tem uma frequência específica

Cada obra da criação tem uma frequência específica. Isto inclui nós, vocês, os planetas, os sóis, etc.. Exatamente tudo que existe é único. Isso seria suficiente para vocês saberem o quanto que a comparação é inútil, o quanto que essa postura de se comparar com outras pessoas é completamente impossível.

Você tem uma frequência, que nada e nem ninguém pode mudar, a não ser você mesmo. Veja como isso é verdadeiro. Com certeza você já teve contato com alguém que conheceu uma outra pessoa e de repente, aquele teu " amigo" começou a ficar diferente, e assim que isso aconteceu, você notou que algo tinha mudado.

Muitas vezes, não é que é uma mudança externa, mas sim frequencial. Então aquele amigo que você tinha um prazer enorme de estar junto, não se parece mais com aquela pessoa que você gostava tanto. Isso ocorre porquê a frequência é a tua essência original.

Muitas vezes essa mudança pode ser positiva, às vezes a pessoa está sofrendo por alguma coisa, está resistindo alguma coisa, de repente ela resolve seguir o fluxo, então aquele sofrimento acaba.

As pessoas mais próximas dela, notam no mesmo instante que algo mudou. Que não existe mais um peso nas costas dela. Não é algo que se vê, é algo que se sente.

Quando você supera uma crença limitante, acontece a mesma coisa. A tua consciência se expande e você não pode mais permanecer naquela frequência. Então automaticamente você muda de frequência.

Apesar desse momento ser maravilhoso, o que acontece é que as pessoas à tua volta estão acostumadas com você naquela frequência, gostam e aceitam você daquele jeito, e quando você tem uma expansão de consciência, muitos não vão conseguir se adaptar ao teu "novo eu", e irão achar primeiramente que você está diferente, e depois para justificar o desconforto delas, elas começarão a procurar "defeitos" em você.

Mas querido, todas as palavras que te serão ditas, são na verdade, pronunciadas pela parte humana daquelas pessoas, que está fazendo tudo possível para defendê-la do desconforto que ela está sentindo com você. Então, não fique triste com elas, e nem se sinta como se estivesse perdendo algo, agora que elas se distanciaram de você, pois isso é apenas uma questão de frequência e nada mais, pois no fundo, todos são parte da mesma Luz, e como todos são partes da mesma Luz, é impossível haver uma divisão entre nós.

O Universo/criação está pronto assim como está

Essa é uma questão bastante levantada pela humanidade. *"Quando o planeta se tornará um lugar mais agradável para se viver?"*.

E nós respondemos: agora! Sabemos o quanto é difícil para alguns entenderem isso, mas o planeta está bem.

Sabemos que você vai pensar que o que estamos dizendo "não é real". Mas nós, vamos dizer exatamente a mesma coisa, o que você vê não é real.

A Terra é apenas um lugar para se fazer experiências e nada mais. A questão é que vocês amigos físicos, são muito apressados para verificar se algo é real ou não. Vocês querem ter a certeza de que aquilo que vocês veem é verdadeiro.

Sabe, você tem todo um Universo dentro de você, isso não é força de expressão, existe realmente. Mas ao invés de você usar essa força para criar um exterior melhor, você se apega e fica insistindo de que tudo vai mal, começa a se lamentar que as coisas estão horríveis, que é impossível viver assim, e que tudo deveria ser melhor.

Quando na verdade, tudo que você deveria fazer é imaginar um lugar lindo para você viver, seja um bairro, uma cidade ou um país. Entregue aquele pedido ao Universo e tenha a certeza de que o teu pedido foi criado, e quanto mais você se manter na posição de que aquilo já foi criado, e não desistir, mais cedo ou mais tarde, o teu desejo será realizado. Então, se o teu externo (planeta) estiver em discordância daquilo que você entende que seja melhor para todos, na verdade ele está apenas te mostrando que chegou a hora de começar a criar.

Quando tudo parece estar desabando sobre tua cabeça

Sabemos que muitas vezes vocês, amigos físicos, têm a impressão de que o mundo está desmoronando. Mas por que vocês sentem essa sensação? É muito simples, porquê a vida é feita de coisas que você já conhece, então você sabe exatamente como essas coisas funcionam, você sabe como reagir com cada momento da tua vida. Mas quando acontece algo desconhecido para você, é como se um ciclo se quebrasse e tivesse começado outro, só que esse " outro " você não conhece, não sabe como reagir com ele. Neste momento de troca de ciclos, você não tem aonde se agarrar, você não sabe o que fazer, é como se você estivesse caminhando por uma estrada que você não conhece e de repente as placas de sinalização desaparecessem.

Então você não sabe se mais à frente tem uma curva ou se mais à frente tem um penhasco, e só para ficar ainda mais emocionante este cenário, você estaria percorrendo esta estrada na noite. Então você se sente perdido, e não importa se esse "desmoronamento da tua vida" está acontecendo em um único ângulo da tua experiência.

O teu desespero é tão grande, que você sentirá que é toda a tua vida que está ruindo. Quantas vezes nós vemos um casamento acabando, pelo simples motivo que eles não estão mais na frequência um do outro, e é como se a vida toda estivesse indo para o ralo.

Não se consegue enxergar o bem-estar em nenhum outro lugar. Isso porquê a dor que na verdade é o apego àquela situação, cria uma separação da tua parte Divina, e a única parte que está no controle, é a parte humana, que ficará ali naquele mesmo lugar dizendo: *"estou sofrendo, estou sofrendo, estou sofrendo"*. E quanto mais o tempo passa, mas essa separação vai diminuir.

Então, a frequência começará a se elevar, até que aquela pessoa comece a sorrir novamente. Mas queridos, isso não precisa ser assim. Quando algo acontece na tua vida, mesmo que você não saiba o que fazer na hora, se mantenha positivo, se mantenha na posição de viajante e não tente controlar a situação, porque você não conseguirá, e só irá piorar a tua dor.

Tenha certeza que se algo ou alguém está saindo da tua vida, é porque não está mais na tua frequência. Seja confiante e procure não tentar se agarrar naquela situação que está acabando. Olhe para ela e a deixe ir, confie no fluxo, acredite que outra situação está chegando na tua vida, e assim será, pois você estará receptível.

A atração é a lei que cria mundos

Já se foi dito muito, e ainda se dirá muito sobre ela, a lei da atração. Nós gostamos muito de falar sobre ela, porque ela é o poder que vocês perderam ao longo das encarnações, e é o poder que pode abrir as portas para as lembranças de que você é o próprio Deus.

Alguns a amam e alguns a odeiam. Mas o fato é que ela é apenas uma corrente elétrica. Um impulso que sai de um lugar, chega em um outro e retorna ao ponto de partida, concluindo assim a corrente.

É tudo muito simples, é tão simples que muitos acham que não pode ser assim tão fácil, e então, o desejo deles não se realiza, e eles confirmam na verdade a teoria deles, "*Eu nunca vou conseguir vender a minha casa com esse mercado em crise*". Esse é o impulso energético que ele está emitindo para o Universo, essa energia chega à Fonte e ela devolve a mesma energia potencializada para àquela pessoa. Então ela tem a "prova" de que ela não consegue vender a casa.

Veja, a postura dessa pessoa que está vendendo a casa, parte do medo é de não conseguir e parte também, é de não acreditar que ela tem o poder de vender a sua casa quando ela quiser, que não é o mercado que dita as regras do jogo, mas sim ela.

Ela está fazendo um papel submisso, ela está tendo uma postura de vítima da circunstância e quem é vítima não tem poder, quem é vítima não pode fazer mudança nenhuma com as " próprias mãos ". Permanece ali parada na mesma situação, sem poder fazer nenhuma ação. Quando na verdade o que deveria ocorrer era o seguinte: "*quero vender a minha casa!*"

Tudo já está nesta frase. Não precisa de nada mais do que isso. Se houver uma concordância real entre palavra e sentimento, e se não houver dúvidas disso, a casa será vendida em apenas alguns dias. Por que quando você tem vontade de fazer algo, e aquilo se torna um desejo, ou seja, você pensa várias vezes naquilo, então o desejo é criado, então a tua confiança e o teu estado de permissão, começa a diminuir a distância entre você e o teu desejo, e quanto mais você permite, mais rápido é o processo.

Talvez, o estado de permissão seja o passo mais importante do processo, pois com ele, você coloca a energia no teu desejo e fecha a lacuna entre você e ele. Mas se acaso a dúvida aparecer no meio do caminho, é como se cortasse a corrente elétrica e você parasse de emitir energia para o teu desejo, e a distância não tem como diminuir, pois não tem energia bastante para isso.

A dúvida parte de um sentimento de baixa frequência e os sentimentos de baixa frequência tem muito pouca energia. Por isso que quando você está alegre e contente com a tua vida, as coisas acontecem com mais facilidades, pois cada vez que você pensa em algo que quer e você está naquele momento com um sentimento de alta frequência, o teu pensamento tem muito mais energia, então a lacuna pode ser fechada mais rapidamente.

As coisas poderiam ser muito mais fáceis se a cada desejo, você colocasse na mão do Universo o resultado. Nós sempre dizemos que você é o próprio Criador, então quando você tem um desejo, não precisaria fazer uma oração, pedido ou meditação, pois o poder para a materialização não está fora de você, mas sim dentro, na certeza ou como muitos gostam de dizer, na fé de que aquilo já está a caminho.

Como quando você acessa um site de compras. Você escolhe o produto, coloca no carrinho, passa o cartão de crédito e a compra está feita. E aí vem a parte interessante, você sente que comprou aquele bem, mesmo que ainda passará alguns dias até que chegue em tuas mãos, mas desde o momento em que o site te escreve: "*a compra foi efetuada com sucesso*", você sente que aquilo já é teu. Essa seria a postura correta em relação ao teu sonho, o teu desejo.

A partir do momento que você cria, ele já é teu, como chegará até você não importa, mas ele já é teu. O tempo, como já dissemos antes, depende da quantidade de energia que você coloca nele, mas é teu.

O que vocês fazem em relação com o desejo é muito diferente. Primeiro vocês começam a sentir que querem algo diferente, depois pensam naquilo repetidas vezes, então se forma um desejo, e é desse momento em diante que as coisas ficam diferentes, pois se isso é algo "pequeno", como comprar algo que vocês têm certeza que podem pagar, vocês se organizam sem pensar muito e vão lá comprá-lo. Mas se for algo "grande"…Ah! Aí o caminho "tem que ser outro ".

Então, vocês pensam nisso 24 horas por dia, vocês oram, pedem ao Pai, fazendo todo esforço do mundo para ter aquilo - porque só um simples *"eu quero e sei que vou conseguir"*, não adianta, *"tem que pedir reforços para esse meu grande pedido"* (risos) - vocês usam vosso poder tão eficientemente quando vocês acreditam que o desejo é "pequeno" e complicam tanto quando pensam que ele é "grande".

Quando na verdade para o Universo não tem a menor diferença entre as coisas, seja ela uma camiseta ou uma casa, para Ele é tudo igual.

Quantas vezes você quis comprar algo "pequeno", como um sapato ou uma roupa, e não tinha o teu número, e sem perceber na verdade o que estava acontecendo, era a não materialização do que você queria. Uma outra coisa interessante, é que você não se apegou a esse resultado, você não ficou frustrado por isso.

Já quando você quer algo "grande" e se ele não se materializa, você se sente frustrado, e com isso, cria uma cicatriz nos vossos corpos, e quando vocês desejarem algo "grande" novamente, vocês sentem que, *"pode ser que não aconteça, porque isso já aconteceu antes"*, e com isso, cada vez mais, vocês conseguem criar menos e começam a abrir mão daquilo que vocês realmente querem para se sujeitarem àquilo que julgam que é possível...

... *"melhor do que isso, não é pra mim "*.

É como se você tivesse uma conta bancária, e nela tivesse dinheiro suficiente para comprar aquilo que você deseja, mas que no momento da compra, vocês esvaziam aquela conta, escondendo de vocês mesmos, olham para o extrato e dizem: "*eu não posso comprar isto, tenho que esperar até juntar mais dinheiro*".

Muitos, não acreditam nas nossas palavras, porque na verdade esses, já esvaziaram as suas contas e não perceberam. Mas nós, estamos aqui para ajudar todos aqueles que estiverem desejando assumir o controle de suas contas do banco do Universo.

O desejo simples, coração aberto e a confiança de que o Universo trabalha sempre ao teu favor, é a tática perfeita para você ter aquilo que deseja, e isso serve para todas as coisas que você imagina como, dinheiro, família, amigos, trabalho, dons espirituais, habilidades, etc.. Tudo se encaixa nisso.

Agora nós vamos repassar uma técnica que já falamos várias vezes.

Os três passos para a realização dos teus sonhos:

1. O desejo

O desejo é uma fase importante, pois ele deve ser analisado com muito cuidado, sempre que você estiver colocando o teu foco em algo, se pergunte, "*é isso que eu quero que entre na minha vida ?*", pois muitas vezes, você coloca o teu foco em coisas, que na verdade não quer. Como por exemplo, quando você começa a desejar um trabalho que você não gosta, só porque você acha que "deve fazer qualquer coisa" para pagar as contas, quando na verdade, você gostaria de fazer um trabalho completamente diferente, mas que você acredita que ele "não dá dinheiro".

Quando você faz isso, você está mandando para o Universo a mensagem de "*por favor, me manda esse trabalho que eu não gosto, e afaste aquele que eu gosto*". E assim, você não conseguirá colocar em prática a magnífica experiência de trabalhar com aquilo que gosta.

Então, o foco deve ser sempre naquilo que você quer. Por que quando se está fazendo o que se deseja, tudo prospera, e no caso do trabalho, o dinheiro será uma consequência dessa prosperidade.

2. Se mantenha em contato com aquilo que você quer

Quando o desejo foi criado, o segundo passo é se manter em contato com ele, pois o teu desejo precisa crescer e ficar forte. Isso acontece cada vez que você pensa ou fala sobre ele. A tua energia vai diretamente em direção a ele, mas quando você entra na dúvida, esse fluxo de energia é quebrado, ele não conseguirá crescer rapidamente, então a distância entre você e ele, diminuirá mais lentamente, ou seja, quanto mais certeza você tiver mais rápido é o processo.

3. A permissão

Esse é o passo mais incrivelmente difícil para a maioria de vocês. Dizemos *incrivelmente*, pois o que seria muito fácil, se torna muito difícil. A partir do momento que você criou o hábito de "ter que fazer alguma coisa", você não tem mais paciência para esperar processo.

Às vezes, até chega a pensar que está fazendo algo de errado, e deste momento em diante, a dúvida entra em cena e todo pensamento sobre o desejo será emitido com muito pouca energia, pois o pensamento estará sendo emitido com baixa frequência e a demora será inevitável.

Para simplificar ainda mais, nós podemos dizer que, todo empenho de vocês, deve estar nesta parte, pois a permissão não é tão fácil como se parece para vocês.

Por exemplo, vamos supor que você quer um carro, mas com o salário que você ganha, fica difícil de você conseguir comprar um. Então, o que acontece, é que todos os dias pela manhã, você vai sair para o trabalho, pegar um ônibus cheio e pensar, "*eu queria tanto ter um carro*". Você pensa nisso todos os dias, e chega até conversa com as pessoas sobre isso. Mas quando alguém te diz, "*você está pensando em comprar um carro?*", você responde: "*com aquilo que eu ganho é difícil pra mim*".

Veja, você quer um carro, você criou o desejo, mas quando chega na hora de permitir, você simplesmente não acredita, diz que é difícil, fechando assim algumas portas para a materialização.

Se você estivesse com uma postura de permissão, você responderia, "*eu não sei como, mas vou ter um carro!*". Essa frase está concordando com o sentimento da certeza e da permissão. Então mais cedo ou mais tarde, o carro se materializaria, e sem perceber, na maioria das vezes, vocês entram em conflito com os vossos desejos.

Um outro exemplo é o da doença. Os vossos corpos estão doentes, vocês querem curar, pedem ao Criador a cura, mas se alguém te pergunta como vai a tua saúde, você diz: "*ahhh... eu tenho isso, aquilo, e aquilo*", colocando todo vosso foco na doença.

Quando na verdade vocês deveriam dizer: "*o meu corpo está passando por um processo bastante interessante e daqui a pouco estará novinho em folha*".

Vocês não estarão contando uma mentira, mas estarão colocando foco de que aquilo é passageiro e que você acredita na recuperação. Olhem para uma criança, quando os pais dizem a ela que no final do ano ela terá um brinquedo novo, ela no dia seguinte vai correndo para os amiguinhos dizer que ganhará um brinquedo, fará projetos para futuras brincadeiras, porque para ela, não existe nenhuma possibilidade daquele brinquedo não chegar.

Ela ainda não ganhou, mas o seu sentimento de certeza, faz com que o Universo trabalhe rapidamente para a sua materialização. Ela não fica pensando se os seus pais podem estar mentindo ou se aquele brinquedo sairá de linha até lá. Nada dessas coisas passam pela cabeça dela.

A criança se entrega e permite totalmente que aquilo chega até ela. Você não precisaria estar lendo este livro se você tivesse o hábito de aprender a viver como as crianças. Nós diríamos, que elas são verdadeiros mestres, que ensinam como a ser honestos e sinceros consigo mesmos, elas ensinam o verdadeiro amor-próprio.

Quanto mais você estiver se espelhando no comportamento das crianças, mais você sentirá que a felicidade nasce somente de dentro de você, então a permissão será uma coisa natural.

O "ter" é apenas a consequência do "ser"

Você já deve ter percebido que na sociedade o "ter" define as pessoas. O "ter" foi colocado como classificação das pessoas, ter uma casa, ter estudo,ter um corpo magro, ter um bom emprego, ter saúde, ter uma família, e assim por diante.

O "ter" foi a maneira mais fácil para encobrir a insatisfação pessoal e a infelicidade. Ele entrou na vida de vocês como um grande subterfúgio para os obstáculos pessoais.

Tantas pessoas não trabalham com aquilo que gostam, mas permanecem ali, toda a vida para poder ganhar um salário no final do mês. Deixando de ir atrás daquilo que realmente desejam para si.

Mas vemos também, pessoas que amam seu trabalho, fazem coisas que a maioria das pessoas pensavam que não daria certo, e ela ama tanto aquele trabalho e permite tanto que ele prospere, que no final do mês, ela vê a sua conta bancária cada vez mais abundante.

O "ter", está no final do fluxo do bem-estar, primeiro, você deve estar bem, para depois ter aquilo que você deseja, para que o fluxo esteja completo, porque o teu bem-estar está e sempre estará em primeiro lugar. Mas se o "ter" vier primeiro, o teu bem-estar não será a tua prioridade, então não existirá o fluxo, e assim a prosperidade não poderá acontecer na experiência.

Todo desejo que vem do seu Ser interior, deve ser respeitado, pois ele te estará conduzindo pelo caminho do fluxo e por mais "estranho" ou diferente que seja esse desejo no começo, ele te levará à realização pessoal, trazendo o fluxo da abundância e prosperidade para tua experiência.

Nada é mais importante do que isso. Você está aqui para viver a tua experiência e não a do teu filho, marido, esposa, família, empresa, etc.. Não é egoísmo pensar na tua felicidade em primeiro lugar, pois ninguém tem o poder de te fazer feliz, só você pode fazer isso por você.Cada um, é responsável pela sua própria vida, desde quando encarna.

Muitas vezes, vemos mulheres que se dedicam exclusivamente à família e depois, se o casamento acaba ou os filhos saem de casa, ela pensa "*eu dediquei os melhores anos da minha vida cuidando de vocês, e olha o que eu recebo em troca*".

Esse sentimento aflora porque ela não procurou ser à expressão de suas próprias vontades, ela foi a expressão das vontades dos outros. Ela não foi vítima, ela permitiu que isso acontecesse a ela. Mas se ela tivesse olhado mais para sua própria felicidade, ao final de um casamento, ela diria: "*foi uma bela experiência, e sei que a vida me reserva tantas outras*", pois ela, estaria repleta de si mesma, sem a necessidade de querer empurrar para alguém a responsabilidade da sua felicidade não vivida.

Talvez, seja mais fácil viver as escolhas dos outros, pois assim você nunca está assumindo nenhum risco, mas de maneira nenhuma as escolhas dos outros podem espelhar 100% de você. As tuas escolhas, nascem das necessidades que só você sente, porque só você fez o percurso que fez, por isso que muitas vezes, os outros não entendem as tuas escolhas.

Escolha sempre a tua felicidade, e isso às vezes quer dizer, fazer um favor para alguém de coração, de boa vontade, sem querer nada em troca, pelo simples motivo de você se sentir feliz por ver aquela pessoa que você tanto ama, feliz.

O que você deseja tem que existir primeiro dentro de você

Todos os dias vocês acordam com todas as possibilidades que existe no universo. Vocês podem escolher qualquer coisa para fazer, ter ou ser. A questão é que, você imagina a tua vida de maneira muito restrita e essa restrição faz com que as possibilidades se limitem em apenas algumas delas, e não em infinitas possibilidades como deveria ser.

Todos os dias o Universo disponibiliza as energias que estão em alinhamento com você. Tem pessoas que dizem: "*todos os dias são sempre iguais*" e realmente são, todos os dias daquela pessoa serão muito parecidos - jamais um dia será igual ao outro - mas porque isso acontece? Por que ela decidiu, ela escolheu que a única possibilidade que lhe poderia acontecer é de que o dia que está começando, seja igual ao anterior, que não tem nenhuma novidade para quebrar a mesmice, mas se ao levantar, aquela pessoa se coloca na posição de detentora de todas as possibilidades, ela dá ao Universo a permissão de se expandir através dela. Ela permite que as circunstâncias tragam alegria, contentamento e harmonia.

A melhor hora para se desejar algo é no momento em que se acorda, onde a tua mente ainda está com um "ritmo lento". Então ao invés de procurar lembrar, "*o que eu vou fazer hoje*"; pare e comece agradecer aquilo que você tem e te faz feliz.

No começo talvez, você sinta um pouco de dificuldade, talvez não tenha nada em mente para dizer, mas insista, pode ser agradecer apenas a cama em que você está deitado, pode ser o sol que está brilhando, pode ser o seu cachorro ou seu despertador que tocou na hora certa. Enfim, qualquer coisa que te traga o sentimento de gratidão, e depois disso, se deseje um dia maravilhoso, um dia cheio de surpresas, um dia de harmonia com as pessoas e consigo mesmo.

Se você fizer isso durante duas semanas, você começará a ver uma diferença enorme no teu dia, no teu humor e na tua harmonia com a tua vida. Não seja preguiçoso em viver a vida, ela só acontece a partir de você, se você não sorrir para ela, ela jamais sorrirá para você.

Não tente pegar um resultado insatisfatório de ontem para aplicar hoje, não vai dar certo. Acredite que o Universo está apenas esperando que você crie a felicidade dentro de você, para que ele possa reproduzi-la no teu exterior.

Não fique sentado esperando que o teu desejo se manifeste com toda a desarmonia e desconfiança que existe dentro de você. Mude o teu estado e tudo mudará. Dentro de você existe a mesma energia que é capaz de criar mundos, use-a!

Tudo é muito simples. Seja feliz!

Você poderia fechar esse livro agora mesmo se tivesse compreendido inteiramente essa frase acima. Ser feliz é o teu único objetivo, na verdade você é a própria felicidade, porque a felicidade é um sentimento de alta frequência que deriva do amor, e o amor é a Luz que vem do próprio Criador, e você foi feito disso.

Quando você encarnou pela primeira vez, você sabia que dentro de você, existia um navegador interno que te guiaria pela jornada. Ele te dá sensações ao passar pelas situações. Ele te dá desconforto, medo, contentamento, felicidade, ansiedade, raiva, alegria, etc., e você também sabia que deveria prestar muita atenção nele, que não deveria descartar essa sinalização, e sempre que ele te mostrava um sentimento ou uma emoção, você deveria respeitá-lo e tomar a direção certa.

Se o sentimento era bom, você continuava, mas se o sentimento fosse desconfortável, era sinal para mudar de direção. Mas com o passar do tempo, você foi perdendo o hábito de usar esse navegador. Então tudo começou a ficar muito confuso para você. Hoje, quando você olha para alguém, e o teu navegador te dá uma sensação de desconforto, te indicando que aquela pessoa não está na mesma frequência que você, ao invés de você mudar a tua rota, você insiste, e depois descobre que estava enganado, que "aquela pessoa não era como você pensava".

A vida de vocês, amigos físicos, seria muito mais fácil se vocês escutassem mais esse navegador, e também se vocês não ficassem com vergonha o tempo todo de dizer *"não quero fazer isso"*, *"eu gosto mesmo disto"*, não se preocupando do que os outros irão pensar ou falar de vocês. Dando prioridade absoluta ao teu eu e nada mais.

O vórtice

O vórtice é o movimento da energia que você está emitindo. Ele pode ser de alta frequência ou de baixa frequência, ou seja, ele pode ser uma espiral ascendente ou descendente, impossível confundir um com outro.

Quando você está em um vórtice ascendente, ou seja, de alta frequência, a vida caminha na direção dos teus desejos, você consegue concluir os teus objetivos, consegue se sentir livre e feliz. Mas quando você está no vórtice descendente, de baixa frequência, a tua vida parece que não sai do lugar, você não consegue colocar em prática, nenhuma criação intencionada, você se sente frustrado e sem alegria.

O vórtice, ao contrário de que muitos pensam, não é uma energia fora de vocês, é uma energia que sai de dentro do vosso Ser, e ele só consegue se formar quando tem energia suficiente para isso.

A partir do momento que se cria um desejo ou uma resistência muito grande, o vórtice é criado, é como um campo elétrico que é criado ao teu redor. Ele começa atrair tudo aquilo que for equivalente à energia que você está emitindo, e quanto mais você emite, mas ele pega força e começa a te puxar para dentro dele, como se fosse uma centrífuga que te conduz sempre ao centro.

No centro do vórtice, tem o teu desejo principal ou a tua resistência principal. É muito importante lembrar sempre, que a resistência à algo, tem tanta energia quanto desejar algo. A diferença é que, se é um desejo do teu coração, terá uma frequência elevada, mas se for uma resistência, porque você não quer passar por uma situação, por exemplo, ela terá uma frequência baixa. Mas de qualquer modo, é capaz de criar um vórtice, e se alimentado de energia semelhante, você será atraído para o centro, materializando aquela situação que você não quer passar.

O vórtice trabalha sempre de acordo com você, se você continuar alimentando ele com a energia que você emite, ele vai pegar força e te atrair para o centro dele. Mas se você deixa de alimentá-lo, ele perde força e não será capaz de te atrair. Esse é um "dispositivo de segurança" para os vórtices. No caso de vórtices descendentes, aqueles que são criados pelo medo, ele age por exemplo, quando você tem medo de ficar doente, quando se tem medo de ser assaltado, quando se tem medo de ser deixado de lado, etc.. Essas resistências, criam um vórtice que se "bem alimentados", ou seja, se você ficar muito tempo naquele estado, se você pensa ou fala frequentemente daquilo que você não quer, ele ganhará força e te atraíra para o centro, materializando assim a tua resistência. E você vai dizer "*veja, eu estava certo, eu sabia que iria acontecer isso*".

Quando na verdade, isso só aconteceu porque foi criado por você e alimentado com a tua energia. Quando se está querendo criar algo, a intenção deve estar sobre aquilo que se deseja. Não pode ficar pensando um pouco no teu objetivo e um outro pouco em como será difícil obtê-lo, pois é como se você alimentasse o seu vórtice dia sim e dia não.

É claro, que o tempo para fechar a lacuna entre você e ele será muito maior do que se você alimentasse todos os dias. Você tem um pensamento linear, onde se deve acontecer isso, depois aquilo, para então acontecer aquilo outro. Esse estado, também enfraquece o vórtice, pois ele não é linear, ele não tem regras para te dar aquilo que você está colocando teu foco. Para você aproveitar o máximo do teu vórtice, permaneça permitindo que ele te surpreenda todos os dias, que ele te traga surpresa após surpresa, até que ele finalmente traga aquilo que você tanto deseja. Não tente controlá-lo, isso é impossível.

Você só irá conseguir que ele diminua a sua velocidade e nada mais, e o vórtice lento, é sinal de que a tua materialização está longe. Permita que ele seja ele mesmo, e você se permita ser você mesmo, sem olhar para os lados ou para o teu passado ou futuro. Seja aquilo que você quer, e o teu vórtice trará aquilo que você estará emitindo.

A felicidade te ajuda alimentar o vórtice

A felicidade é o combustível ideal para o teu vórtice, sempre. A felicidade é um estado, uma escolha. Não é aquela euforia que você sente quando é materializado algo que você queria tanto. A felicidade é um estado de paz, de aceitação, de permissão, que brota dentro de cada um.

Para você ter algo que te dará contentamento, você deve ter aquele contentamento dentro de você, e alinhar o teu vórtice com ele. Não tem como você querer ter algo que te "daria" paz, se dentro de você existe apenas o medo, pois você estaria alimentando o teu vórtice com energia completamente diferente.

O vórtice não cria a energia, ele apenas coloca em movimento, e nada mais. É como uma máquina de lavar roupas, se você carregar com roupas, é impossível que ao final do processo, saia dela vários pares de tênis. Ela apenas lavou aquilo que você colocou nela.

Assim é o vórtice, ele é aquilo que você emite, aquilo que você "diz" para ele ser. Sempre que você estiver baixando tua frequência, faça de tudo para que ela volte a se elevar novamente, pois sem perceber, você pode entrar em um vórtice descendente, e quanto mais tempo você permanecer nele, será mais difícil você sair.

Tem duas coisas muito importantes acontecendo dentro de você, a primeira é a confiança e a segunda o medo. A confiança te liberta, te dá asas para voar, ela te mostra que a vida é sem limites e te prova que a vida é linda e pode ser vivida da maneira que você quiser. O medo é outra face dessa moeda, ele te mostra que o mundo é escuro, que você não pode fazer as coisas que você deseja e que tudo é muito limitado, ele te prova que o mundo é para poucos.

A questão está sempre em qual dos dois lados dessa moeda que você quer estar, quais desses dois lados que você quer que guie a tua vida. Um te leva para lugares lindos e coloridos, o outro, te leva para lugares escuros e sombrios, mas todos começam dentro de você, não existe nada no teu exterior que não reflita o que está dentro de você, por isso que é muito importante que você se ocupe dos teus sentimentos, olhá-los de perto e não deixem eles comandarem a tua vida, você é que tem que comandá-los.

Os teus sentimentos criam o mundo que você vive, eles têm o poder da manifestação, por isso que quando você está feliz, confiante e cheio de energia, os caminhos se abrem e você caminha por ele de maneira livre, mas quando o medo te invade, tudo ao teu redor reflete isso, então você vai ter mais dificuldades em enxergar os caminhos, você vai ter dificuldades em encarar novos desafios e novas possibilidades, que no primeiro momento, são possibilidades que você talvez não aceitaria, mas que na verdade são grandes caminhos que se abrem, e que se você não tiver confiança, você não irá trilhálos, você vai deixar de caminhar por um caminho que se abriu para te dar satisfação, para te dar a materialização que você tanto desejou, porque o Universo te dá a liberdade de você desejar o que quiser, mas a maneira como esse desejo chega até você, é só ele que pode fazer, não adianta ficar tentando descobrir qual é a maneira de se obter aquilo que você quer, é inútil.

Quando você confia, você não tenta controlar, porque você sabe que está sendo bem feito, você sabe que está sendo bem acolhido, então não tem necessidade de controlar, *"deixa eu ver como é que está sendo feito isso"*. Isso não passa pela tua cabeça porque você quer ser feliz sem se apegar a nada e nem ninguém.

Como faço para não me importar com as críticas das pessoas?

Esse é um grande desafio. Não se importar com que os outros dizem é um grande desafio, porque se parte do princípio que você atraiu aquela situação,você vibrou naquela frequência, ela não caiu de paraquedas na tua vida, você vibrou por ela, mesmo que não tenha percebido, você vibrou por ela.

Quando isso acontece e você sente um desconforto enorme porque alguém te disse algo que feriu os teus sentimentos, a questão não está na palavra que foi dita, mas sim na vibração dessa palavra, que ao chegar em você, ressoou naqueles pensamentos que tem lá escondido dentro de você.

Esses pensamentos ressoaram com isso, na verdade são cicatrizes, são feridas que foram feitas ao longo da tua vida. Então essa frequência te deixa muito desconfortável, mas não leve isso para o lado de que, *"aquela pessoa que está falando aquilo, não gosta de mim, não me quer bem"*.

Não, aquela pessoa é livre para pensar aquilo que ela quiser, assim como você é livre de não se importar com aquilo que ela está dizendo, não se apegar ao fato de que aquela pessoa discorda de você em alguma coisa, ou que te vê de uma maneira diferente daquela que você se imagina ser.

Todos têm o seu ângulo próprio de visão das coisas, e todos os ângulos estão certos, não tem ninguém errado. Então, por isso aceite a crítica do outro, porque quando você aceita a crítica do outro e acolhe de verdade que aquelas palavras te feriram, você começa parar a pensar mais no porquê que aquelas palavras te feriram, e quando você realmente se interessa em saber o porquê, a resposta chega.

Jamais existe uma resposta sem uma pergunta antes, então se você deseja uma resposta, deve fazer a pergunta, então depois de saber a resposta do porquê que aquela frequência, aquelas palavras e aquela pessoa te magoou, se entregue ao mais profundo desapego daquilo.

Alguns chamam isso de perdão, mas na verdade o perdão não existe, é apenas o desapego. O perdão, às vezes, é conhecido como esquecimento, mas que também não é verdade, é apenas o desapego.

Como se você estivesse passando por uma situação na qual o que aconteceu, aconteceu, não tem outra coisa a se fazer, simplesmente aconteceu, é um fato. Como quando você está voltando para casa do trabalho, que você deve pegar o teu carro ou o ônibus, e você tem que usar aquele meio de transporte, não há nada a se pensar. Se você quer voltar para casa, você tem que pegar o carro ou o ônibus, você não faz isso com apego, você simplesmente faz, e o perdão que se diz, nada mais é do que isso, é desapegar daquilo que não mais te interessa, de não fazer mais parte da tua vida.

Então, simplesmente você o coloca de lado e segue teu caminho e isso é para todas as coisas, sem criar rancor, sem ficar pensando nisso, simplesmente segue teu caminho e ao colocá-lo de lado, você estará resolvendo uma questão interior muito importante.

Você vai se sentir livre, alegre e leve, tudo isso por apenas ter desapegado. Vários mestres já disseram isso, o desapego é o caminho para uma vida feliz, porque toda vez que você coloca uma situação da tua vida de desconforto, seja ela qual for, e você a retém se apegando a ela, aquela energia começa a fazer parte de você, então ela começa entrar no seu ponto de atração e tudo que for girar em torno de você, terá como base também aquela energia.

Por isso que é importante você se liberar de energias que, ou não são tuas ou que não te ajudam. Você tem que liberar. Quando teu ponto de atração está limpo, que está apenas com as energias daqueles desejos que você tem, a lacuna se fecha com muito mais rapidez, porque não existe nenhum ponto de dúvida, nenhum ponto que te separe que corte essa corrente. Então, tudo fica mais fácil.

Nós sempre dizemos que se você quer ir de um lugar a outro, você simplesmente deve colocar um destino e começar a caminhar, é uma linha reta, não existe curvas, mas cada vez que você entra em dúvida ou se apega em situações que te aparece no meio do caminho, é como se você parasse nessa linha reta e se perguntasse: *" meu Deus, eu não vou chegar nunca ali?"*. E isso é porque você fica perdendo tempo enorme pelo caminho, sendo que se você simplesmente observasse a tua vida, e se tivesse alguma coisa que não te deixasse confortável, você tirasse aquela coisa da tua vida, colocando ela de lado, acolhendo-a, e dentro de você se fizesse a pergunta, *"mas o porquê isso me deixa assim?",* e depois simplesmente desapegasse, o caminho se encurtaria muito, e você chegaria aonde você desejaria com mais rapidez.

Mas depende sempre de você, depende sempre de como você coloca a tua atenção, se você coloca a tua atenção naquilo que você quer ou se você coloca a tua atenção nas coisas que você não quer. Isso não muda nunca, então uma vez escolhido um trajeto, um caminho, siga por ele feliz e contente, porque agora você sabe o que você quer, agora você tem para onde ir e não tem ninguém e nem nada que pode impedir que você conclua aquilo que você quer.

Conheça as vossas resistências e vocês conseguirão colocar em prática a vossas criações. Muitos dizem que a lei da atração não existe, que é tudo conversa fiada, que eles não conseguem criar nada, mas na verdade o que acontece é que eles não conseguem colocar em prática o poder que eles têm, porque se escondem atrás de suas existências.

Sem perceber, eles fazem em volta deles mesmos, um muro de resistência, onde nenhuma criação consegue transpor. Toda criação precisa de fluxo, e a resistência é algo totalmente contrário ao fluxo.

O desejo é como se vocês quisessem descer um rio, e a resistência é como se vocês quisessem subir esse rio. Nem sempre é fácil vocês encontrarem qual é a vossa resistência, qual é a crença que está vos limitando à acreditar realmente que o que você quer é possível, e que já aconteceu; já foi criado.

Nós entendemos isso, mas nós entendemos também que quando vocês querem criar algo, quando vocês têm um desejo muito grande de ter alguma coisa, vocês podem transpor essa resistência e seguir o fluxo da criação. Não adianta vocês se esconderem atrás do "fato" que não conseguem, que talvez estejam "fazendo algo de errado". Vocês não estão fazendo nada de errado, apenas existe uma crença limitante que está fazendo com que vocês resistam e que não consigam acreditar que dentro de vocês existe um poder enorme pronto para ser trabalhado, pronto para dar aquilo que vocês desejam. Por que quando vocês têm um desejo, ele vem de dentro de vocês, do vosso eu mais profundo.

É um desejo que vem da alma, mas quando você já está há algum tempo desejando alguma coisa e isso não se manifesta, é hora de você se perguntar, *"porquê?"*.

"Como eu posso manifestar isso que eu quero, qual é a crença limitante que está me distanciando daquilo que eu quero", e se vocês se fizerem essas perguntas, estejam muito atentos com a resposta, porque ela vai chegar até vocês, porque será as vossas almas que irão vos mostrar a resposta que vocês precisam.

Pode ser uma conversa com um amigo, pode ser em um livro que vocês vão ler, pode ser de qualquer jeito, até mesmo uma canção. Vocês vão escutar aquilo, e aquilo vos dará um sentido tão grande, que não tem como vocês não perceberem que aquela é a vossa resposta, e quando essa resposta chegar, analise para que vocês consigam enxergar ela em toda sua plenitude, depois de analisar bem, coloque-a de lado e comece a fazer afirmações que "vocês não são daquela forma", escreva frases afirmando que "vocês são diferentes dessas crenças".

Um exemplo, se vocês têm como crença limitante, que todo trabalho que vocês conseguem é sempre muito longe de casa, comecem afirmar, *"eu gosto de trabalhar perto da minha casa, eu gosto de trabalhar perto da minha casa, eu gosto de trabalhar perto da minha casa"*. As vossas mentes não irão enxergar isso como uma mentira, porque elas sabem que vocês gostam de trabalhar perto de casa, e se vocês continuarem a fazer essas afirmações, com certeza criarão um vórtice forte com elas, e mais cedo ou mais tarde, esse emprego vai chegar até vocês.

Do mesmo jeito, se vocês querem emagrecer e ficam pensando que tudo aquilo que vocês comem engorda, então vocês irão engordar. Mas se a cada refeição começarem a se sentarem na mesa com a satisfação, e ao comer, vocês comerem com tranquilidade, mastigando devagar a comida, saboreando aquele momento, saboreando aquele alimento a cada garfada que você colocar na boca, e ao se olharem no espelho, vocês não enxergarem uma pessoa que passou do peso, mas sim um companheiro de jornada - porque os vossos corpos são seus companheiros de jornada, eles vos possibilitam todas as experiências que vocês querem viver, se vocês andam, é através deles, se vocês sentem o vento é através deles, se vocês olham uma flor é através deles, se vocês sentem frio ou calor é sempre através deles, então agradeçam por esse maravilhoso companheiro que vocês têm, não percam o vosso tempo dizendo que ele é assim que ele "assado", apenas agradeçam, criem amor pelos vossos corpos e eles irão vos responder com mais amor - e assim sem resistências, vocês irão criar a vida que vocês desejam, com os corpos que vocês desejam e com as situações que vocês desejam. E quando algo "inesperado" acontecer a vocês, agradeçam, independente se aquela situação se parece confortável ou não, apenas agradeçam, porque aquela situação vai proporcionar-te uma expansão, um aprendizado, e tudo isso é maravilhoso.

Sempre que vocês fazem muita força para afastar aquilo que vocês não querem, vocês estão na verdade, criando o caminho mais rápido, para vocês terem aquilo que não querem.

Nós vemos vocês fazerem isso o tempo todo, algo acontece, vocês não se sentem bem com aquilo que aconteceu, e dizem, *"eu nunca pensei que isso me fosse acontecer"*.

Não é que vocês estão dizendo uma mentira consciente, é que apenas, vocês estão olhando somente as palavras, mas vocês vibraram exatamente aquilo.

Vocês compram um carro e fazem o seguro dele, colocam travas de segurança, guardando sempre dentro da garagem, sempre quando param no semáforo, olham para todos os lados para não ser assaltados, e tudo aquilo que vocês estão vibrando, é medo. E o medo cria o vórtice do mesmo jeito que a alegria cria vórtice, e esse vórtice vai pegando força até o momento que, aquilo o que você não quer, acontece. Você é assaltado, e o teu carro é roubado. Não foi criada sozinha aquela situação, ela foi criada por você.

Para vocês, cada vez que vocês dizem que não querem que uma coisa aconteça, é porquê "vocês estão sendo precavidos", mas para nós, vocês estão fazendo apenas resistência, estão colocando os vossos focos em algo que vocês não querem, e aquele foco faz com que toda a vossa energia daquele momento vá para aquele lugar, e então o teu vórtice vai sendo alimentado frase por frase, pensamento por pensamento, ação por ação.

Por isso, a resistência é muito prejudicial para o fluxo, muitas vezes você teria aquele carro por anos e anos, mas você criou um vórtice muito forte para que fosse roubado, tomando sempre todas as precauções para que aquilo não acontecesse, colocando assim muita energia naquela resistência.

Muitos vão perguntar, "*então como é que eu faço, porque a cidade onde eu moro é muito violenta?*".

E nós vamos responder: não façam nada, nem sequer pensem que existe roubo de carro na vossa cidade, não pensem nisso, não pensem que é possível, somente amem os vossos carros, transmitam a ele o vosso amor, agradeçam a existência deles em vossas vidas, agradeçam todas as vezes que eles te conduzem de um lugar para o outro sem esforço, agradeçam que eles te permitem chegar em casa num dia de chuva sem se molharem, agradeçam que vocês podem dormir um pouco mais todos os dias, pela razão de vocês irem trabalhar de carro, agradeçam que aos fins de semana eles te levem a um parque gostoso para vocês passarem um tempo com as vossas famílias, e assim vocês irão ter os vossos carros dentro do fluxo Divino, e o fluxo Divino funciona assim:

tudo aquilo que vos dá bem-estar, o Universo vos dá mais ainda. Tudo aquilo que vocês agradecem ao Universo de coração, e que ele sente que vibra de vocês é um bem-estar enorme, ele gera mais energia daquela frequência e vos devolve.

Então talvez ele irá vos devolver como um carro que não vos dá problemas, ele irá vos devolver como um carro novo, um carro melhor, pois é assim que o Universo age, ele olha aquilo que vocês gostam, aquilo que vocês estão colocando atenção, porque ele percebe que é aquilo que vocês querem experienciar mais, e vos devolve, na mesma frequência potencializada.

O grande aprendizado é que a resistência só vos esconde da maravilha que é viver no fluxo, da maravilha que é viver na Unidade com o Criador.

O Criador são vocês, e vocês são o Criador. Todas as vezes que vocês desejaram algo, na verdade é o próprio Criador que desejou através de vocês, Ele está dentro de vocês, Ele é vocês e vocês são Ele.

Quando vocês olharem as vossas vidas, olhem como se olhassem o próprio Criador experienciando tudo aquilo, sabemos que alguns podem pensar, *"mas como pode Deus, o Criador passar por essas coisas que eu passo?"*.

Para o Criador, é somente divertimento, Ele sabe que nada pode vos ferir de verdade, que tudo por aquilo que vocês passam são apenas experiências para se lembrarem de quem realmente são, uma experiência para se divertirem, para serem felizes.

Então, quando a tua alma que é a tua parte Divina, deseja algo, ela está desejando viver aquela experiência intensamente, ela não fica fazendo cálculos com o que os outros vão pensar ou como vai ser. Ela simplesmente quer viver aquilo, ela não se preocupa com a sociedade, ela não se preocupa com nada.

As vossas almas não têm limites, assim como o Criador não tem. Muitas vezes vocês têm um desejo e dizem *"isso nunca vai acontecer, eu gostaria muito de viver isso mas, isso nunca vai acontecer, isso não é pra mim"*.

São pensamentos muito limitantes, são pensamentos que vos tiram a possibilidade de se aventurarem em uma nova estrada, de percorrer outros caminhos. Ao invés disso, vocês deveriam pensar, *"se eu tenho esse desejo é porque o Criador quer se expandir através de mim, ele quer viver isso através de mim, então isso é possível"*. Não existe nada impossível para o Criador, e aquilo que ele quer experienciar através das vossas vidas, não importa se vocês não sabem como, não importa se vocês nem sabem o porquê que desejaram aquilo, mas se aquilo vos deixa feliz, o "como" não é importante, o "porquê" não é importante, o importante é vocês serem felizes. E se vocês acreditarem que merecem passar por aquilo, que não são piores que ninguém, as coisas começarão a girar em torno de vocês e esse vórtice ganhará força, e todas as peças serão movidas para que aquele desejo se realize.

A única coisa que vocês devem fazer é, acreditar, que não interessa como e nem o porquê, mas vocês irão realizar aquele desejo. O Criador, o Universo, Deus, deem o nome que vocês quiserem, Ele vos ama e vos honra, e o respeito que Ele tem por vocês é tão grande, que Ele respeita qualquer escolha que vocês fizerem, qualquer uma, seja uma escolha de bem-estar ou não, Ele vos respeitará, Ele vai pegar a energia que vocês estão emitindo, vai potencializá-la e enviá-la de volta, sem fazer nenhuma distinção.

Então, agradeçam que vocês têm todo o Universo trabalhando sempre ao vosso favor incondicionalmente, independente do que vocês façam, pensem ou sintam, Ele está sempre ao vosso lado. Mas se vocês não gostam dos resultados que vocês têm em vossas vidas, de desejos inconscientes, de resistências, comecem abrir mão do controle, parem de se agarrarem a coisas que não vos ajudam a expandirem, e comece a seguir o fluxo.

Vocês irão encontrar paz, irão encontrar amor, porque o amor é o próprio Universo, é o próprio Criador, é inevitável vocês não encontrá-Lo, assim como é inevitável, vocês não amá-Lo, basta vocês mudarem o foco e tudo ao vosso redor irá mudar.

A vida é algo absoluto, é algo sem comparação, por isso que é importante vivê-la da melhor maneira possível, sem se apegar a qualquer resultado, porque os resultados não são importantes, a importância real é a experiência.

A experiência ou na verdade, como você se sente naquele momento que está passando por aquela situação, é a coisa mais importante, é por isso que quando você está no vórtice de alta frequência e está se sentindo bem, esse é o objetivo, é isso que a tua alma espera de você, que você esteja se sentindo sempre bem, e de qualquer jeito, acontecendo o que acontecer, e você saber olhar para a tua vida e agradecer por ela, agradecer por aquela situação, mesmo que ela pareça ser uma situação desconfortável, mesmo assim ela veio te trazer ensinamento.

Por que você atraiu aquela situação, então é porque você tem algo para aprender com ela. O vórtice é apenas o movimento das energias que gira em torno de você, então nada mais natural do que ele te trazer situações onde tenham energias semelhantes, daquelas que você está emitindo.

Quanto mais você olhar para a tua vida, com os olhos de um apaixonado, que não vê os "defeitos", mais a tua vida será bonita, prazerosa e alegre, porque ela vai espelhar você. Em tudo sempre existe dois lados, e você precisa saber em qual lado que você quer estar, ao lado do amor ou ao lado do medo, depende somente de você escolher.

As coisas são como deveriam ser

Muito se fala sobre a lei da atração como sendo, aos olhos de muitos, a única lei que existe. Mas a lei da atração, é só uma das tantas leis maravilhosas que regem todo esse Universo fantástico.

Muitos imaginam, que a lei da atração sirva simplesmente para atrair coisas, pessoas ou situações que vocês querem ter em vossas experiências, mas ela vai muito além disso e quando você se depara com uma situação desconfortável, que você atraiu para você mesmo, segundo a lei da atração, e você se fecha achando que é uma vítima das circunstâncias, ou uma vítima nas mãos de outra pessoa, você reprime todo o poder maravilhoso que você tem dentro de você, para criar uma outra situação.

Você simplesmente "aperta um botão" que desliga a função de criar. Toda vez que você está se fazendo de vítima, quando você pensa,*" porquê que ele me trata assim?", "porquê eu ganho pouco?", "porquê não consigo fazer mais do que isso?", "porquê minha vida está desse jeito?",* você está anulando o teu poder, você está anulando a ideia de que você é um criador, então, é muito importante você começar a fazer as perguntas certas, as perguntas que vão te dar as respostas maravilhosas, que vão te abrir um horizonte que você não estava vendo.

Então, se um dia você estiver em uma situação desconfortável, comece a fazer as perguntas diferentes, por exemplo: *"Como eu posso melhorar isso?", "Como posso ganhar mais?", "Como posso ter uma pessoa que me ama ao meu lado?".*

Essas são perguntas possibilitadoras, são perguntas que permitem que esse poder que existe dentro de você, saia e comece a trabalhar. Essa é a postura dos Mestres, esta é a postura daquele que quer mais da vida, não é a postura daquele que fica sentadinho num canto esperando que alguém venha salvá-lo. E quando essa situação está acontecendo, e você aceita que ela aconteceu, é um fato.

Então, você abre a caixa da criação que existe dentro de você, e libera esse poder, um vórtice maravilhoso começa ser criado, e aí, ele começa a girar mais forte, e cada vez que você continua a procurar uma solução para aquela situação, e você se pergunta *"Como eu posso... ?, Como eu posso... ?, Como eu posso... ?",* ele vai ganhando força, vai ganhando muita força, e de repente, de onde você menos imaginam, aparece a solução para aquilo que você quer.

Pode ser namorado novo, pode ser um emprego novo, pode ser uma casa nova, pode ser uma autoconfiança que você não pensava que pudesse existir, pode ser aquilo que você quiser, depende só de você alimentar o vórtice certo. Por que na posição de vítima, você também alimenta o vórtice, mas ele será um vórtice descendente, que te vai puxando cada vez mais para baixo, cada vez você vai se sentindo pior, cada vez você vai sentindo dó de você mesmo e vai permanecendo ali no mesmo lugar, sem atender aos anseios da tua alma, que diz, *"ei! acorda, acorda, tá na hora de criar",* então pare de se achar que você é a vítima quando alguém ou alguma situação que te faz "mal", e comece a olhá-la como uma grande alavanca que te está mostrando que você pode ser muito melhor, muito mais feliz do que você está naquele momento.

Sabemos que às vezes, você tem a mania de achar que sempre é pessoal, que foi aquela pessoa que te fez isso, mas não é verdade, aquela pessoa foi apenas um instrumento que você atraiu para você, não é culpa dela, ela faria isso com uma outra pessoa talvez, ou talvez não, isso não importa, o que importa é que você tinha que aprender uma lição muito importante naquela situação, se você não aprende, você continua emitindo a mesma frequência, você vai continuar atraindo as mesmas pessoas que te fazem as mesmas coisas, então aceite a situação sempre, é inútil você resistir à alguma coisa que já aconteceu, aceite, olhe bem para ela e coloque-a de lado, e prossiga a tua vida, sabendo que daquele momento em diante, você criou algo muito melhor que irá te trazer aquilo que você precisa naquele momento, e só depende de você.

Sabemos o quanto é difícil às vezes, vocês conseguirem criar forças para sair de uma determinada situação. Dentro da escala de emoções, existem emoções de baixa frequência e emoções de alta frequência.

Nós sabemos que uma pessoa que está deprimida, ela não vai conseguir ficar alegre em cinco minutos, ela vai passando de um estágio a outro, de um estágio a outro, e sem perceber, ela vai conseguir estar alegre.

O que nós queremos dizer com isso, é que tenha paciência com os vossos processos, vocês não têm que ter pressa em fazer algo. Vocês têm que pensarem fazer bem feito, em aproveitarem o caminho, porque quando vocês querem fazer algo rápido, que tudo termine logo, vocês não conseguem absorver "a lição" daquela situação, então aproveitem.

É como percorrer um caminho ou quando vocês fazem uma trilha de montanha, o divertimento da trilha não está em chegar ao destino predefinido, mas sim de dar uma paradinha aqui e uma outra ali, olhar a paisagem, isso sim faz toda diferença e é assim quando vocês querem aprender algo, se lembrar de algo, vocês devem usar o tempo que tiverem para usar para aprenderem e ainda se divertirem no caminho.

Quando vocês percorrem o caminho desta maneira, vocês não criam resistência, e o fluxo corre por vocês de uma maneira leve. Como as árvores no outono, elas não se importam que as folhas caem, porque elas sabem que na primavera, as folhas renascerão e o ciclo continuará, e que o outono é só o início do processo de renovamento, não é o fim de nada, as árvores nos mostram essa sabedoria todos os anos, e é assim que tem que ser na vida de vocês, não se perde nada, é apenas o movimento do Universo.

Nós vemos muitas vezes, pessoas que sofrem muito, quando uma pessoa que elas amam desencarna, passando para o plano não físico, elas sofrem como se nunca mais fosse ver aquela pessoa, sem saber que todo o plano não físico respeita esse movimento, sem saber que ela vai rever essa pessoa novamente, sem saber que esse é um renovamento também para outra a pessoa, e que se elas resistem a isso, se elas resistem a esse fluxo, elas fecham a energia da criação dentro delas, e começam a fazer um vórtice descendente com tanta força que elas ficam cada vez mais tristes.

Muitas desistem de suas missões por causa dessa tristeza, muitas jogam fora essa maravilha que é estar aqui neste planeta lindo e poder vivê-lo intensamente. Escolhendo se trancarem dentro de si mesmas e também se trancando em suas vidas. Enquanto elas deveriam aceitar com naturalidade e saber que tudo está bem, que não tem nada fora do lugar e então prosseguir suas vidas sem dor, sem mágoa, apenas prosseguir.

"Lutar" contra um fato, é como "lutar" contra o vento no dia de uma tempestade, ele conseguirá te derrubar, sem te tocar, assim é a resistência.

Estar no fluxo

Quando o caminho se abre, vocês sentem que não há nada melhor do que estar no fluxo. Muitas vezes vocês passam tanto tempo fora do fluxo, tanto tempo trancados em uma situação que parece que não tem fim, que não fazem a menor ideia de como é prazeroso e fácil estar no fluxo.

Vocês passam anos das vossas vidas se apegando em situações que não os ajudam a evoluir na escala das emoções, e sem perceberem, com o passar dos anos, vocês na verdade descem cada vez mais baixo na escala das emoções. Isto porquê, vocês não tiram das vossas vidas as situações e condicionamentos que derivam de sentimentos de baixa frequência.

Então, muitos chegam ao final da vida com várias doenças e limitações físicas, pensando que são efeitos da idade ou da alimentação, mas que na verdade, foi um efeito de uma vida inteira se relacionando com o medo. Esse é a causa de todo o apego, e o apego é a causa de toda doença, e o medo não permite o fluxo.

O medo bloqueia todas as saídas possíveis do fluxo. Ele vos tira a alegria, e tirando a alegria, vos tira também tudo aquilo que pode ser atraído através dela. Cada um tem aquilo que precisa, esse é um conceito muito questionado, mas é verdadeiro.

O Universo é de uma abundância enorme, para vocês amigos físicos, é inimaginável a abundância do Universo, e como é possível que as pessoas (habitante de um planeta pequeno como a Terra) passe por privações?

Essa resposta não vai ter sentido se vocês não estiverem com os olhos nos vossos interiores, pois eles sabem que está sempre tudo bem, que sabem que tudo que acontece é uma resposta a uma frequência que foi emitida.

Claro que, quem não acredita ainda que toda criação começa primeiro de um desejo que nasce dentro de vocês, não consegue acreditar que mesmo quando a vida de alguém está passando por "dificuldades", ainda sim está tudo bem, pois aquela situação está de acordo com a frequência que ele está emitindo.

Vocês têm um ditado que diz: "Deus não lhe dá um fardo mais pesado do que você possa carregar". Esse ditado nasce dessa Lei Universal, por isso é verdadeiro.

Mas, muitos o esquecem no meio da dor que estão passando em uma situação desconfortável, então começam a distribuir "culpas".

A culpa é da família, do governo, dos professores, do motorista, dos remédios, dos alimentos, etc.. Quando na verdade todo desconforto que está acontecendo, é apenas porquê o fluxo do bem-estar não está sendo recebido.

O fluxo do bem-estar é o único fluxo que existe, e toda situação desconfortável que vocês estiverem passando, é porque vocês estão fora dele. Por exemplo, você não acordou na hora certa, porque o teu despertador não tocou. Você se vê atrasado, e então começa a sair da tua paz e começa a pensar todas as coisas horríveis que podem te acontecer por causa desse atraso. Você se sente completamente desconfortável por isso. Você se arruma e sai de casa para pegar o ônibus para ir para o trabalho, mesmo que atrasado. Então, você está dentro do ônibus a caminho do trabalho, quando de repente, você vê pela janela que o ônibus que você pegaria, se estivesse saído no horário, sofreu um terrível acidente com vários feridos. Então você começa agradecer por não ter podido pegar aquele ônibus, e isso se torna uma "história de família", porque aquele dia se tornou um dia especial, um dia para ser lembrado.

Toda situação em sua raiz, não é confortável e nem desconfortável, é você quem a avalia. Muitas vezes não dá tempo para que o Universo vos mostre "a obra inteira". O atraso pela manhã, foi o início da obra do Universo, que foi concluído mais tarde.

Uma coisa interessante, é que muitas vezes, vocês desejam tanto uma coisa, e o Universo começa se movimentar para te dar aquilo, então vocês ficam nervosos, abaixando drasticamente as vossas frequências, saindo do vórtice e impedindo que o Universo concluísse a sua obra. Mas aquele que vive num fluxo do bem-estar, ele sabe que todo movimento, é aquilo que os seus olhos veem, ou seja, ele sempre vê o lado bom das coisas, e para ele, o Universo está sempre livre para agir, porque ele não faz resistência a nada, ele permite que tudo siga adiante, como um magnífico rio, que jamais se pergunta onde aquele percurso vai dar, ele somente escorre, tranquilo, na certeza que o seu percurso é tudo aquilo que ele tem, e deve ser amado e celebrado sempre.

A gratidão, deve ser por todas as coisas que acontecem ao vosso redor, pois elas são apenas movimentos, e vocês não sabem onde esse movimento vai dar, mas vocês estão aproveitando profundamente a maravilha de estar no fluxo, onde tudo é perfeito e harmonioso.

Os teus olhos são os teus primeiros juízes

Os olhos, são uma grande obra da criação. Ele vos permite ver a maravilha que é este planeta, ele vos permite a ver as cores e as formas. Ele vos permite reconhecer as coisas e as pessoas. Mas ele também pode ser um avaliador pouco confiável. Muitas vezes ele é usado como único instrumento de percepção, e é aí que tudo fica muito confuso.

Nós, já dissemos que vocês têm um instrumento muito potente no vosso interior. Um verdadeiro navegador, um GPS, que vos mostra com exatidão seu percurso ou a escolha que vocês estão fazendo estar na vossa frequência ou não. Ele é baseado nas emoções, ele usa uma escala muito precisa, que vai desde uma emoção muito baixa, a depressão, até a mais alta, a alegria, e esse navegador é realmente a ferramenta mais precisa que vocês têm para fazer uma avaliação. O que aconteceu ao longo das jornadas, é que ele foi sendo substituído aos poucos pelos olhos. Não era a função dos olhos avaliarem, mas sim desse navegador. Nós estamos dizendo olhos, mas na verdade é o conjunto formado por olhos, crenças limitantes e medo, e esse conjunto faz com que o navegador, seja cada vez menos usado e por consequência, a maioria de vocês hoje, não sabem mais como usá-lo.

Por isso que nós dizemos, que os olhos são vossos primeiros juízes, porque eles julgam aquilo que você deve gostar ou não. Limita as tuas possibilidades de provar situações diferentes, uma vez que eles as tenham julgado que não devem ser vividas por vocês. Mas é claro que vocês sabem que esse sistema não vos dá um resultado preciso. Vocês já passaram várias vezes por situações pelas quais os vossos olhos decidiram que vocês deveriam ir por um caminho, mas o vosso navegador, estava vos dando uma emoção que vos mostrava desconforto, e vocês deixaram de lado aquele desconforto e se entregaram a um caminho que não estava na vossa frequência, resultando mais tarde em dor e sofrimento.

A partir do momento que vocês ficam conscientes que existe esse dispositivo dentro de vocês, começam a dar mais atenção às vossas emoções e começa a ficar cada vez mais difícil para os vossos olhos "julgarem o que é bom para vocês", pois vocês não prestam mais atenção a eles, mas sim em vossas emoções.

Vocês podem estar se perguntando, "*mas porquê tudo aquilo de que eu gosto não me faz bem?*". Essa é uma pergunta que nós ouvimos sempre após uma desilusão. Às vezes a desilusão foi com uma situação, e às vezes com pessoas, mas o fato é, que os teus olhos te mostraram uma análise muito superficial, te mostrando apenas o externo da situação e por isso que eles não podem te dar uma análise confiável.

Eles também não analisam a tua frequência para ver se está compatível com a frequência daquela pessoa ou situação. Então, ele vê e analisa com outras situações já vividas, e dá o seu "julgamento", que na maioria das vezes, você acata sem pestanejar e mais tarde, vocês se encontram em uma situação que vos mostra que, "se vocês tivessem ficado em casa ao invés de sair com aquela pessoa", teria sido mais proveitoso.

Com o passar dos anos e tantas experiências deste tipo, vocês começam a perder a confiança de que a vida é bela e que ela está sempre disposta a te fazer feliz. Mas quando vocês se cansam de dar o vosso poder de escolha aos vossos olhos, retornando ao ponto que vocês são o próprio poder e que as vossas emoções vão te guiar a cada segundo das vossas vidas, para que vocês tenham uma experiência tranquila, a vida começará a ter novas cores e vocês se sentirão muito mais confiantes, e essa confiança virá da vossa natureza sagrada, e não mais se, os vossos olhos estão vendo isso ou aquilo, simplesmente vocês saberão que aquela decisão é certa.

A necessidade do "porquê"

Quando vocês passam da fase de serem guiados pelos vossos olhos, e começam a ser guiados pelas vossas emoções, vocês começam a ter dificuldades em justificar o porquê das vossas decisões. Isso porquê, vocês estão acostumados que todo "julgamento" que os vossos olhos vos davam, eram baseados em um porquê, ou seja, "*eu não quero ir naquele passeio porque ...*", "*eu não quero fazer isso porque...*", e isso vos condicionou a serem "obrigados" a sempre terem uma resposta justificada sobre as tuas escolhas.

Então, quando vocês começam a ser guiados pelas emoções, vocês não têm mais uma "razão" para terem chegado a decisão de escolher fazer aquela coisa.

Então, quando você decide, baseado no teu navegador interno, parece que está faltando algo. Parece que as pessoas não aceitarão bem a tua decisão,porque você não está dando a elas uma justificativa da tua decisão, e se você se sente assim, é claro que as pessoas serão atraídas a pensar exatamente isso de você.

Então, quando você chegar a esse momento, é hora de vocês abandonarem a ideia de que vocês "devem" alguma resposta para alguém. As pessoas devem aceitar que a tua decisão é aquela, e não interessa o por quê. Simplesmente "sim" ou "não", sem um "por quê". Se libertem dessa cadeia de ter que ficar "dando desculpas" dos teus sentimentos. Comecem a usar mais essas palavras:

"eu sinto que devo fazer isso ...", *" eu sinto que quero fazer aquilo..."*, *"eu sei que não quero fazer isso..."* e assim, as tuas frases estão completas, sem a necessidade de um por quê. E quando vocês se sentirem confiante que não precisam mais "dar" satisfações, vocês se sentirão mais livres e muito mais seguros de si, podem ter certeza, e quanto mais vocês tomam consciência que o vosso sentir deve ser respeitado, mesmo que vocês não tem um motivo para sentir aquilo que estão sentindo, mais vocês estarão cada vez mais seguros e passarão essa segurança para todos ao vosso redor.

A necessidade de parar de viver no futuro

Existe uma verdadeira "doença", que é viver no futuro. Onde a pessoa que está "contaminada" com ela, não é capaz de aproveitar o momento presente, porque ela está sempre à espera de um futuro que pode ser maravilhoso ou terrível, mas que mesmo assim, a impede de viver no agora. Nós usamos a palavra "doença", para fazer uma analogia, porque na verdade muitas doenças que desenvolvem nos vossos corpos, derivam dessa constância de viver no futuro.

Isso já começa quando vocês são crianças. Vocês são estimulados a almejar constantemente brinquedos que são para crianças maiores. Então vocês já começam a ser ensinados que esse vosso momento não é bom o bastante, e que o "melhor mesmo" é aquele brinquedo que vocês irão poder brincar quando estiverem com um ou dois anos a mais. Então, a criança pára de se importar com os brinquedos que ela já tem, e começa a colocar toda a sua energia em imaginar o seu futuro com aquele brinquedo que ela ainda não tem.

Depois, começa a fase da pré-adolescência, que eles ficam almejando em ser adolescentes. Depois ao chegarem na adolescência, ficam imaginando e vivendo mentalmente a vida adulta e assim por diante. Até que chega o momento da velhice, onde a consciência muda completamente e se começa viver do passado, querendo voltar a ser criança.

Mas o fato é que vocês, não estão acostumados a aproveitar plenamente a fase da vida em que vocês estão. Então ficam sempre insatisfeitos, pois sempre o futuro irá vos sinalizar algo melhor e mais bonito. Só que o futuro não existe.

É como se vocês corressem atrás de algo que não existisse, e essa atitude é completamente fora da vossa natureza, é como se vocês estivessem tensos o tempo todo.

Basta ver a lista de doenças que a vossa medicina atribui à ansiedade. Ela envenena o vosso corpo. A vossa alma fica querendo aproveitar ao máximo cada minuto do vosso dia, e vocês não permitem que ela o faça, e isso cria muita resistência, e também cria muito arrependimento, pois ao olhar para trás, se percebe que aquele momento passado foi perdido, vocês sentem que poderiam ter feito diferente se vocês tivessem permanecido presentes naquele momento, se a vossa "cabeça" não tivesse ficado sempre no futuro. Todas as pessoas têm consciência de que o futuro ainda não existe e que também não existe certeza de que ele realmente acontecerá, mas mesmo assim, vocês entregam a ele toda a vossa felicidade, não deixando nada para o agora.

Vejam também uma coisa interessante, quando chega segunda-feira, muitos a odeiam, dizem que é o pior dia da semana e que não veem a hora de chegar o fim de semana. Mas quando um feriado cai na segunda-feira, todo esse conceito muda, e ela se torna um dia maravilhoso.

Outro exemplo é que muitos não veem a hora de sair de férias, mas ao passar alguns dias em casa, eles começam a ficar chateados, como se lhes estivessem faltando alguma coisa. O mesmo acontece com a aposentadoria, ela é almejada uma vida inteira, e depois a pessoa se sente um inútil, que não vale mais nada, e se sente a pessoa mais infeliz do mundo.

Esses exemplos servem para que vocês reflitam que o melhor momento para se fazer algo interessante, é agora. Não fiquem trabalhando com algo que só vos causa desconforto um ano inteiro, para "ganhar" um mês de férias.

Procurem um trabalho que vos dê prazer, e que todos os dias vocês vivam intensamente sem a necessidade de ficar "indo ser feliz" em um lugar que não existe, ou seja, no futuro. Vocês podem criar os melhores momentos de vossas vidas, todos os dias.

Todos os dias as possibilidades nascem nas vossas vidas

O que acontece é que, vocês olham sempre para o mesmo lado. Vocês não dão a oportunidade de fazer algo diferente. Tem pessoas que comem todos os dias as mesmas coisas pela manhã, tendo a oportunidade de comer algo diferente. Preferem estar ao seguro e comer aquilo que já sabem que gostam, do que se aventurarem no "desconhecido" ....(risos).

Essa é uma postura que reflete com precisão, o quanto que muitos não gostam de sair de onde estão para se aventurarem, para fazerem coisas diferentes, para terem sensações que nunca tinham provado antes, e com isso, permanecem no mesmo lugar, e como o

Universo se expande sempre, vocês também se expandem sempre. Então, como é possível o Universo se expandir, vocês se expandirem, e as vossas vidas estarem sempre do mesmo modo?

Muito simples, fazendo resistência. Vocês fazem tanta resistência, que nem percebem. Acontece uma coisa interessante na sociedade de vocês quando alguém diz, "*eu estou querendo mudar de emprego*", e vem uma outra pessoa e diz , "*levanta as mãos para os céus porque você já tem um emprego*".

Esse é um comportamento muito interessante, e que cria uma crença muito potente, a culpa. A pessoa que está querendo sair do emprego, ficará se sentindo culpada por estar querendo algo diferente para sua vida, e começa o ciclo de não viver no agora, pois o seu agora, quando ela está no trabalho, é tão maçante, que ela prefere ficar pensando no fim de semana, nas férias e na aposentadoria. Mas não deve ser assim, se alguém tem vontade de trabalhar em um outro lugar, é porque a frequência dela está sinalizando que deve ser assim, e se isso não acontece, o desconforto por estar em um lugar ou situação que está fora da frequência dela, é tão grande, que a leva a resistência, e a viver no futuro.

Claro que essa situação se reflete em toda a vida da pessoa. Na família, amigos, saúde, etc., por isso, o medo, que é o pai de toda resistência, deve ser deixado de lado. Que vocês possam estar em harmonia com vocês mesmos e começarem a aproveitarem essa maravilha que é viver no agora.

Os vossos piores medos

O medo se tornou, ao longo de eras, uma constante na vida de todos os encarnados em Gaia, ele é muito confundido com a natureza humana. É comum encontrar pessoas que dizem que, ter medo do mar por exemplo, significa respeito por ele, e que o medo de fazer determinadas coisas, significa prudência. Mas tudo, realmente, são pensamentos que estão muito longe da verdade, pois o medo, não pode ser misturado com a natureza humana, sem que se torne resistência.

O medo faz com que vocês se privem de experiências muito enriquecedoras. Uma vida bem vivida, é rica de movimento, mas se vocês permitirem que o medo controle as vossas vidas, a resistência tomará conta dela, e todas aquelas belas experiências que vocês tinham planejado para fazer, serão deixados de lado para viverem uma vida de falso controle. Mas quando vocês reconhecem que, uma determinada coisa ou pessoa é o teu pior medo, estejam certos que aquilo deve ser olhado com muito mais atenção do que qualquer outra, pois aquilo está muito fora da tua frequência, de algum modo aquele vosso maior medo estava sinalizando que tem prioridade, que vocês devem encontrar a resposta do porquê, que é tão forte assim.

Muitas vezes, é algo que não faz sentido para vocês. Como por exemplo *"eu nunca subi em um prédio de 100 andares, e como posso sentir medo ao pensar na possibilidade?"* E isso vos acontece porque uma parte tua, já passou por alguma experiência que despertou isso, e ao pensar em algo parecido, aquele medo vem. Mas quando se desenvolve o medo assim, junto dele, com certeza, ficou trancado alguma situação que muitas vezes vocês não se lembram, mas que está gravado em vocês e isso bloqueia as vossas vidas.

Não menospreze esse sinal de alerta, pois quanto mais ele for ignorado, mais ele ganhará força e estagnará as vossas vidas. A vida deve ser vivida em plena harmonia, sem medos e sem resistências, quando um desses dois são sentidos por vocês, é um sinal claro de que vocês não estão em harmonia.

O vosso mundo interior ainda precisa ser cuidado, pois a natureza humana, é a própria harmonia. Harmonia consigo mesmo, harmonia com as pessoas, harmonia com as coisas, harmonia com situações, etc., pois se existe harmonia dentro de vocês, o externo irá refletir isso. Essa é a lei. Por isso ao encontrar um medo que vos bloqueia a vida, não deixem para depois, cuidem dele naquele mesmo momento. Analisem-no com cuidado, comecem a se perguntarem o porquê de sua existência. Por que ele se manifestou naquela situação. Se possível, reserve um tempo de silêncio, de meditação, para obter uma resposta. Não se distraíam enquanto estiverem trabalhando nele. A resposta pode vir no mesmo instante ou pode demorar alguns dias, mas continuem atentos para a resposta, ela sempre chega, e quanto mais vocês forem trabalhando em vossos medos, mais rápido virão as respostas. Talvez a resposta vos surpreenda pela simplicidade, talvez vos passe pela cabeça uma situação que viveram, e vocês pensem, *"não pode ser só isso"*.

Não julguem se aquela situação tenha sido grave ou não, apenas olhem para ela, e conversem com ela, como se fosse uma pessoa, expliquem a ela, que não precisa mais cuidar de vocês, que agora, vocês são pessoas mais preparadas e que aquele medo pode ir embora porque vocês estarão bem sem ele e deixem o ir, se desapeguem dele, sem fazer nenhum julgamento posterior.

Se caso aquele mesmo medo se apresentar, repita o processo, quantas vezes for necessário, até que ele não se apresente mais. Então vocês estarão livres, sem resistências e por consequência, mais harmoniosos. Toda situação, seja vocês estarem diante de um leão ou de vocês pularem de paraquedas, nenhuma delas, são "situações perigosas", dignas de ter medo. O medo é a avaliação que vocês fazem a respeito dela, pois tem pessoas que se sentem completamente felizes ao pularem de paraquedas, como tem pessoas que vivem nas savanas só para estar mais perto dos leões, sem nunca terem passado por situações "de perigo", pois tudo é atração, se você tem medo, isso quer dizer resistência, resistência quer dizer foco, foco quer dizer materialização.

Por isso, que todo medo tem que ser abandonado, para que não se materialize algo que vocês não querem em vossas vidas. Outra coisa interessante que acontece é que, muitas vezes, vocês querem algo para a vida de vocês, e então vocês criam aquilo, e quando a lacuna vai se fechando, o medo aparece, e vocês, com "pernas próprias", começam a retornar ao ponto de partida, pois com o medo, vem também a dúvida, a sensação de que aquilo é muito para vocês ou que talvez vocês estejam desejando algo que não seria tão bom assim.

Enfim, vocês voltam para o início da estrada e ficam lá sentados sem saber o que fazer. É como se vocês fizessem uma reserva de hotel, arrumassem as malas, pegassem o vosso carro, percorressem alguns quilômetros em direção ao hotel e de repente, começassem a pensar, *"porque estou indo para lá?"* , *"Será que eu vou me divertir mesmo?"*. Então, vocês pegam o próximo retorno e voltam para casa. Mas a diferença entre a criação de vocês e a reserva de um hotel, é que a criação não tem prazo de validade, uma vez que vocês criam aquilo, ela ficará ali vos esperando, até que vocês resolvam percorrer o caminho ou mudem o vosso desejo. Só depende de vocês decidirem, se percorrem o caminho ou se criam um outro desejo.

O medo é sempre uma pedra no vosso caminho. Até vocês resolverem removê-lo de vez, ele irá aparecer quando menos vocês esperarem. Esse medo tem que ser trocado pela certeza de que o Universo é abundante e amoroso, ele não vos abandona nunca. Vocês não estão sozinhos em nenhum momento, e toda situação está sob o vosso controle. O medo vos causa uma sensação de que todo "problema" é permanente, mas isso não é verdadeiro, pois toda situação é passageira.

A única coisa constante no Universo é a inconstância, e não importa qual seja a situação, ela passará, será trocada por uma outra. Às vezes é preciso apenas esperar, as vezes é preciso fazer alguns ajustes internos, mas de qualquer modo a mudança chega.

Por que o medo da "morte"?

Na verdade, a maioria de vocês amigos físicos, tem medo do novo, do desconhecido, e não há nada mais "desconhecido" para as vossas mentes, do que a morte.

O que deveria ser uma coisa simples, se passou a ser uma batalha, pois é isso que a morte se tornou para vocês, uma batalha. Vocês dizem: *"foi vencido pela morte"*. como se a morte fosse algo "ruim", como quando ela acontece, vocês perdessem algo, *"eu perdi minha mãe*". É impossível "perder" alguém, pelo simples fato de que ninguém pertence a ninguém, e a morte não é alguma coisa ou quem, ela é apenas a passagem. Para aqueles que vivem uma vida plena, se concentrando no agora e sempre procurando a beleza em cada segundo do seu dia, a morte é uma passagem tranquila e amorosa, pois mesmo com a morte, vocês continuam atraindo aquilo que vocês estiverem vibrando. Tem pessoas que tem medo de falar sobre isso, até mesmo, mencionar a palavra "morte". Elas se sentem como se ao falar sobre isso, atraíssem para elas, algo "ruim". Mas queridos, a morte é um início de um novo ciclo, assim como quando um filho nasce, ou quando vocês conseguem um trabalho novo, ou quando mudam para uma casa nova, enfim, é o início de um novo ciclo, tanto para aqueles que estão indo, como para aqueles que ficaram.

Claro que no início, há um momento de ajuste, pois todos devem se habituarem àquela nova condição, mas em momento algum, essa nova condição é "ruim", ela é diferente, mas se será "boa" ou "ruim", dependerá de todos os envolvidos, dependerá da vontade de cada um, procurar as novas cores que estarão aparecendo pelo caminho. Muitos daqueles que ficam, começam a se comportar de uma maneira diferente em relação aquele que se foi. Vocês têm a expressão: "*morreu, virou santo*". Começam a sentir culpa por haver tratado aquela pessoa de maneira não amorosa, então se sentem devedores e se tornam seus maiores defensores.

Como se isso fosse útil para o falecido, mas na verdade é realmente útil para culpa deles, e nada mais. A culpa vos faz refém daquela situação. Ela ofusca vossas emoções e vocês não conseguem ser bem guiados pelos vossos navegadores internos. Muitas pessoas, ao se depararem com a morte de uma pessoa amada, ficam completamente "off-line" com o os seus navegadores.

É como se aquela dor, aquela culpa, cortasse completamente o fornecimento de energia para o navegador. Elas começam a viver anestesiadas, e assim todas as estradas para elas são iguais. Tem muitas pessoas, que até desenvolveram uma crença de que quando alguém muito próximo a elas falecem, elas não têm mais direito à alegria, que tudo se torna dor e sofrimento, que a vida boa mesmo, elas viviam com aquela pessoa, se esquecendo do seu objetivo principal, que é de ser feliz.

A morte deve ser encarada como algo alegre, como renascimento, um momento único na vida de todos e quanto mais vocês emitirem energia de baixa frequência em direção à morte, mas essas energias irão retornar para vocês no momento oportuno, e quanto mais vocês emanarem confiança ao Universo, mais vocês se sentirão seguros, e essa confiança não criará resistência e com isso a harmonia será assegurada.

Muitos sofrem estando nos hospitais, pelo simples fato de terem a crença que devem "lutar contra" a morte, e assim prolongam o sofrimento do corpo desnecessariamente. Quando na verdade, se eles permitissem que o Universo fizesse seu trabalho, esse sofrimento não existiria. Então, a lição a ser aprendida é que, o medo do novo deve ser deixado de lado, ele não vos ajuda. Vos causa somente resistência diante das mudanças inevitáveis que o Universo faz sempre e essa confiança no novo, "no futuro", será estendida para toda a vossa jornada, e a morte ainda continua sendo a vossa jornada.

Sejam felizes a cada segundo, mesmo que vocês estejam no leito de um hospital. Se permitam viver na plenitude dos vossos Seres, dentro da vossa natureza. Deixando completamente de lado o medo de algo que não existe, porque realmente a morte não existe. O sentimento que "a morte" traz, foi inventado a partir do medo. Sem o medo, a morte perde o seu significado e tudo fica mais simples e mais seguro, pois vocês saberão, que do outro lado será repleto de amor, assim como deste lado.

Quando o medo deve ser ignorado

Nós, já dissemos que os vossos piores medos devem ser olhados de perto, mas existem medos que devem ser ignorados. Muitas vezes o medo vem disfarçado, ele pode ser chamado de ciúme, inveja, escassez, raiva, tirania, etc.. Todos esses e ainda muitos outros são na verdade os nomes do medo, assim eles são mais aceitáveis para sociedade. Por exemplo: "*eu tenho medo de perder meu marido*", fica mais aceitável dizer, "*eu tenho ciúme do meu marido*" ou "*eu tenho medo de que as pessoas não me respeitem por aquilo que eu sou*", ou então elas dizem, "*eu tenho raiva que as pessoas me tratem assim*". Esses tipos de medos são muito entranhados nas pessoas.

Às vezes, vocês acreditam que isso não signifique medo, mas sim, sentimentos independentes. Mas queridos, todos esses são medos, e partem sempre da falta de amor, falta de segurança, falta de atenção, etc.. Sem perceber que existe todo amor que todos necessitam e não precisa olhar para fora para encontrar o amor, porque tudo aquilo que vocês precisam, já está dentro de cada um de vocês. Basta olhar uma criança de apenas alguns meses, ela sorri para as próprias mãos, ela se apaixona pelos seus próprios pés, ela fica emocionada ao se ver no espelho.

Isso é a prova de que vocês nascem completos, maravilhosamente completos. Mas então aparece o medo, de que talvez vocês não sejam tão bonitos assim ou legais assim ou dignos de serem amados assim, e é justamente esse tipo de medo, que vos leva ao sofrimento cotidianamente, medo de que "*a mulher o deixe por outro*", "*que o dinheiro, não dê até o final do mês*" , "*que a política do país piore*", etc., mas vocês não precisam de nenhuma dessas coisas para serem inteiros.

Esses medos, vos atrapalham e vos porta ao sofrimento. A existência desse medo deve ser compreendida e deixada de lado, deve ser substituída pelo amor-próprio, pelo amor à vida, pelo amor às pessoas, pelo amor às coisas, enfim, vocês devem amar, amar muito, até o ponto de que não haja mais espaço para o medo, tenha ele a forma que tiver. Deve ser ignorado, esquecido completamente. Talvez no começo não seja fácil, mas insista em ignorá-los diariamente, trocando o pensamento de medo por um pensamento de amor e assim se concentrem nisso, ele irá desaparecer com o tempo, pois só vocês têm o poder de fazer essa mudança. Só vocês têm o poder de escolher, vocês não são vítimas das circunstâncias, mas sim o criador delas. Peguem esse poder que vocês têm nas mãos, e comecem a criar um mundo que vocês sonham viver.

Talvez, vocês ainda não se deram conta, que o medo da morte ou qualquer outro tipo de medo, não vos ajuda, e muitas vezes, não impedem que vocês passem por uma situação que temem. Muito pelo contrário, ele potencializa a energia que está sendo colocada por vocês. Nós, sempre dizemos que o medo vos tira do caminho que querem percorrer, mas no momento em que vocês decidem que não querem mais que ele comande as vossas vidas, as coisas começam a pegar uma outra forma, pois vocês vão começar à atrair, as ferramentas necessárias para poder começar a viver sem ele, e é aí que a liberdade começa.

Todo amor deve ser vivido intensamente

Com essa frase, muitos pensarão em uma história de amor entre duas pessoas, mas nós estamos usando a palavra "amor" da maneira mais ampla que ela possa ser.

Viver um amor intensamente é aproveitar cada segundo da vida, cuidar dela a cada segundo, e respeitar a vida a cada segundo, e vida quer dizer tudo, pessoas, animais, plantas, coisas, ar, etc.. Tudo aquilo que cruza o teu caminho durante teu dia, faz parte da tua vida. Vejam, como é interessante pensar por esse lado. Se vocês ao se levantarem e forem escovar os dentes, vejam que a água faz parte da tua vida, assim como a escova, a pasta, o espelho, a toalha, enfim, tudo aquilo que você usou naquele momento faz parte da tua vida, e essas coisas devem ser amadas e respeitadas por vocês.

Por que esse amor, criará uma corrente de amor ao vosso redor, porque vocês estarão emanando o vosso amor para todas as coisas e pessoas que entrarão em contato com vocês, e pela lei da atração, essa corrente de amor retornará para vocês. Muitas vezes, vocês têm uma reação interessante, vocês tem um objeto que está ficando velho, então começam a desejar um novo. Ao invés de vocês continuarem a emanar amor para ele, vocês começam a maltratá-lo, "*Ah! é velho mesmo*", e isso, se estende às vezes, para as pessoas.

A mensagem que vocês estão passando para o Universo, neste caso, é "*detesto esse objeto*" , e o Universo entende que você não gosta daquele tipo de objeto, então ele não te enviará um novo, e quanto ao objeto "velho", quando ele se quebrar de vez, vocês ficarão sem. Outra forma de amar intensamente é quando vocês conversam com uma pessoa. Quando vocês encontram uma pessoa e começam a conversar, saibam escutá-las, como vocês gostariam de ser escutados, porque ao escutá-las, vocês irão compreender suas necessidades e os seus limites, e ao enxergar os limites delas, não ultrapasse-os, porque se vocês fizerem isso, estarão desrespeitando aquela pessoa, e isso, não será de modo algum uma ajuda.

Muitas vezes, vocês dizem, "*ele precisava ouvir aquela verdade*". No momento em que vocês passam dos limites da outra pessoa, vocês estarão começando desrespeitar a vocês mesmos, porque vocês não estarão mais emanando amor, mas sim a vossa "verdade", e muito provavelmente a outra pessoa se sentirá desrespeitada e desconfortável com você. Busquem um lado bom de toda conversa e permaneçam nele. Não tentem convencer ninguém das vossas escolhas, essa técnica não gera amor, então, não é útil para quem faz e nem para quem escuta.

Outra forma de viver amando intensamente, é quando vocês vão a um lugar muito bonito. Um lugar em meio a natureza, e então ao invés de vocês observarem a natureza, você se distraem com discussões, com celular, mensagens, etc.. A natureza tem tanta energia para vos oferecer, que não pode ser desperdiçada a oportunidade de estar em meio a ela.

Ela tem o poder de vos energizar de tal modo, que quando vocês fazem uma caminhada, uma trilha, vocês não deveriam ficar cansados, pois seria como se vocês estivessem usando o celular conectado na tomada. A energia que é consumida, é automaticamente recolocada em vocês. Mas então por que muitos, depois de um dia em meio a natureza se sentem cansados? Por que não estavam conectados com ela. Estavam conectados em suas vidas que estavam fora dela. Tanto mentalmente quanto tecnologicamente com seus aparelhos de rádio, celular e computadores, bloqueando completamente essa"recarga" que a natureza é capaz de fazer.

Tudo e todos ao vosso redor foram atraídos por vocês, então eles são dignos do vosso amor, da vossa atenção e do vosso respeito. Quanto mais amor espalharem, mais a vida conseguirá devolver amor para vocês. O amor começa dentro de cada um. Não queiram primeiro receber amor para depois amarem. Vocês são a única fonte geradora de amor no vosso mundo. Vocês são responsáveis por todo amor que vos circundam e também por toda falta dele.

Deixar ir, também é uma forma de amar

Quando vocês amam algo ou alguém, vocês não aceitam que aquela pessoa, coisa ou situação saia das vossas vidas. Tudo e todos, existem por um motivo e quando o motivo acaba, uma transformação deve acontecer. Nós poderemos começar esse assunto falando das pessoas, mas acreditem, vocês fazem isso muito mais com as coisas e situações do que com as pessoas.

Quantas vezes vocês têm uma roupa de que gostam muito, então o Universo vos dá uma outra peça de roupa parecida, porém mais nova e mais bonita. Ao invés de vocês doarem a roupa velha, simplesmente guardam ela em um canto qualquer do guarda-roupa para permanecer ali eternamente, sem nunca mais usá-la. Vocês olham as pessoas que compram demais, como grandes consumistas, mas a questão não está na quantidade de coisas que vocês compram, mas sim na quantidade de coisas que vocês não amam, porque o acúmulo é somente a falta de amor.

Quando vocês amam as vossas coisas, vocês não irão deixá-la em um quartinho todo bagunçado ou dentro de uma caixa cheia de outras coisas jogada dentro de uma garagem. Quando vocês amam um objeto, vocês cuidam dele, e quando vocês começam à acumular coisas, vocês emitem para o Universo que vocês não amam aquelas coisas, e o Universo por sua vez, começará a não vos enviar coisas de que vocês gostam.Vamos dar um exemplo. Vocês vão conversar com uma pessoa que coleciona um tipo de objeto. Então aquela pessoa vos mostra todas as suas coisas arrumadas e catalogadas de maneira ordenada, e ela diz , "*Esse eu comprei, esse eu ganhei de um amigo, esse eu ganhei de um parente ...* " porque aquela pessoa gosta tanto, e dá tanto amor para aqueles objetos que o Universo lhe envia mais para deixá-la ainda mais feliz. Mas quando se acumula apenas por não querer deixar ir algo que vocês não usarão mais, que ficará ali em um canto apenas pegando poeira, chegou o momento de amar aquele objeto e deixá-lo ir, sem se preocupar, ele não vos fará falta, pois se um dia vocês precisarem dele, o Universo o trará de volta para que vocês não passem pela escassez.

Um exemplo bem conhecido de vocês é o ninho dos pássaros. Todos os anos eles constroem um ninho, e depois dos filhotes terem crescidos e levantam voo, os pais também vão embora do ninho, e eles fazem sem olhar para trás, pois eles sabem que no próximo ano, terão tudo aquilo que for necessário para fazerem um outro ninho. Isso é prova de amor e também de confiança. Confiança no Universo, mas também confiança em si mesmo, na capacidade de criar um outro ninho. Vocês também têm medo de deixar as situações. Por exemplo, quando vocês estão em um lugar e se sentem bem ali, vocês fazem de tudo para não saírem mais dali, mesmo que comece a ficar desconfortável, devido a estar saindo da vossa frequência, mesmo assim vocês permanecem.

Isso pode ser um trabalho, um círculo de amigos, uma casa, etc., vocês farão todo o possível para deixarem tudo do mesmo modo, mesmo que no fundo vocês já tenham percebido que o vosso navegador esteja vos avisando que as coisas mudaram, que vocês já não se sentem bem como se sentiam antes, e parece que se vocês trocarem de casa ou de trabalho, ou ainda de amigos , seria uma derrota.

Vocês se sentem culpados por estarem abandonando aquela situação. Mas na verdade, é que chegou a hora de uma mudança, e não tem nada que vocês possam fazer para que ela não ocorra. Muitas vezes, essa mudança é um relacionamento que começou muito bom e com o passar do tempo a frequência mudou e chegou a hora dele acabar. Então, uma das partes ou até mesmo as duas partes, fazem de tudo para que a mudança não aconteça. Mas como é inevitável a separação, ela acontece, mas o que deveria ser um momento pacífico, se torna momentos de brigas, causando ressentimentos pelas palavras desnecessárias que foram ditas. Por isso que para nós, deixar ir, é amar, porque o amor é generoso e compreensivo. Quando vocês querem manter nas vossas vidas algo, alguém ou alguma situação, mesmo que tenha saído da vossa frequência, vocês não estão amando, vocês estarão apenas tendo medo que a mudança aconteça, e nada mais.

Quatro passos para um relacionamento saudável

1°- Ame a si mesmo

Vocês foram ensinados que o amor pelo outro é mais nobre do que o amor por si mesmo, mas isso não é verdadeiro, o amor por si mesmo faz com que vocês se conheçam, se observem e tenham cuidado consigo mesmo. Esse amor, faz com que seja possível vocês saberem com exatidão, quais as coisas de que vocês gostam ou não gostam, quais pessoas serão mais adaptas conviverem com vocês ou não, enfim, é como se vocês quisessem fazer um pedido no restaurante sem saber do que vocês gostam de comer. Se amar, não pode ser confundido com egoísmo ou vaidade.

Se amar, quer dizer saber do que se gosta, alimentar bem o vosso corpo, e deixar claro para si mesmo que aquele é o teu espaço, é pensar sempre na vossa felicidade. Vocês não podem ser felizes ao lado de outras pessoas se vocês não sabem como serem felizes sem elas. Vocês têm que ser o motivo da vossa felicidade, e não os outros.

2°- Respeitar a si mesmo

Muitos já descobriram que gostam e o que não gostam, mas deixam isso de lado para ter à aprovação das outras pessoas. Sabem que não gostam de ficar ao lado de pessoas que fumam, mas permanecem ao lado de quem está fumando, porque assim "*eles não ficarão chateados*" com vocês.

Quando vocês fazem isso, vocês estão se desrespeitando, e com o passar do tempo, aquele desconforto passará a ser tão grande, que será impossível a vossa convivência com eles, mesmo que sejam pessoas que vocês amem muito, e com esse desrespeito, vocês estão passando para o Universo a mensagem de insatisfação, pois vocês não conseguirão se sentir satisfeitos com as outras pessoas, se vocês estiverem se desrespeitando o tempo todo. Isso acontece frequentemente em relacionamentos mais próximos, como casamentos, pais, filhos e família, e com o passar do tempo, a frustração e o desentendimento ganha força, pois todos os envolvidos não conseguem estar em uma frequência harmoniosa.

Por isso que é importante vocês fazerem aquilo que querem, e não aquilo que "devem" fazer, porque quando se coloca em prática somente aquilo que sequer, as coisas fluem melhor, pois estarão optando por fazer algo que está na vossa frequência.

Por exemplo, você conhece uma pessoa que gosta de assistir futebol, mas você não gosta. "Por amor" àquela pessoa, no começo você assiste um jogo, depois outro e depois outro, mas com passar do tempo aquele desconforto de estar fazendo algo que não está na tua frequência é tanto, que você simplesmente não suporta mais, e te vem uma "necessidade" de colocar um ponto final naquela situação.

Claro que a outra pessoa no início, não irá aceitar muito bem, pois você assistiu várias vezes sem problemas, e irá pensar que você mudou o teu comportamento, que você não é mais a mesma pessoa. Quando na verdade, ao dizer "não" naquela situação, você está sendo mais verdadeiro do que nunca.

São na maioria das vezes, desconfortos que poderiam ser evitados, com uma simples conversa, dizendo amorosamente que vocês não gostam ou melhor ainda, que aquilo não está na vossa frequência. Quanto mais vocês forem verdadeiros com vocês mesmos, mas vocês conseguirão ser verdadeiros com os outros.

3°- Respeite o outro

Este é um passo realmente importante. Todos vocês que estão encarnados têm características que foram construídas nas jornadas que vocês já fizeram.Vocês podem não acreditar na profundidade dessa frase: "vocês são únicos". Cada um age de acordo com aquilo que aprendeu, com aquilo que já viveu e que se tornou um conceito para tomar as vossas decisões. Então é impossível que a outra pessoa tenha as mesmas opiniões de que vocês.

Se alguém vos diz, "*não quero falar sobre isso*", ela estava mostrando um "limite"que ela não quer ultrapassar naquele momento, e que deve ser respeitado amorosamente por vocês, pois ela expôs que, não se sentirá confortável falar sobre aquele assunto naquele momento. Muitas vezes, na intenção de fazer o outro provar algo que foi bom para vocês, é tanta, que vocês esquecem que estão passando por cima do querer dele, e isso cria uma situação de desconforto geral para todos os envolvidos. Isso acontece muito entre os casais, quando um quer fazer uma coisa, e o outro não quer, então aquele que quer fazer insiste tanto, que o outro acaba cedendo e acaba por fazer uma coisa sem vontade, ficando completamente fora do fluxo do bem-estar.

Em todo tipo de relacionamento, o que vocês precisam estar muito atentos, é para não estarem fazendo com que o outro seja refém de vossas vontades. Não se esqueçam que o outro é capaz de tomar suas próprias decisões, e que ele é capaz de procurar a sua própria felicidade, sem a interferência de ninguém. A insistência para que o outro faça algo que vocês querem é um desrespeito não só a ele, mas também a todas as jornadas que ele já fez.

Não tentem fazer do outro a vossa cópia. Isso não irá acontecer, e só irá trazer sofrimento para ambas as partes. O amor abraça todas as diferenças, mas quando as "diferenças" são muito grandes, o suficiente para causar desconforto para ambas as partes, é porque chegou o momento que em "nome do amor", cada um siga a sua própria estrada, e assim, o respeito por si mesmo e pelo outro estará assegurado, e todos estarão prontos para viver uma outra história.

4°- Quando você estiver, esteja

A presença é sem dúvida hoje, o motivo de brigas em muitos relacionamentos. Seja ele familiar, amoroso, amizade ou trabalho. A presença é algo indispensável, sempre, pois ela garante que o vosso foco esteja onde vocês estão. Por exemplo, tem pais que chegam do trabalho com suas "cabeças"cheias de problemas do trabalho, e quando os seus filhos vêm até eles, para lhes pedir algo ou para lhes contar alguma coisa, eles não dão à menor atenção. Os seus filhos percebem que não são importantes e criam essa crença. Os pais por sua vez, se sentem culpados por não darem atenção suficiente para os seus filhos e começam a comprar tudo o que eles veem pela frente, como forma de compensar aquela falta de atenção.

Entre amigos, muitas vezes vocês estão em uma roda de pessoas, e de repente ao olhar em volta você percebe que ninguém está prestando atenção no que você está dizendo, pois estão envolvidos com os seus celulares, computadores ou conversas paralelas, causando assim uma sensação de que você não é bom o bastante para ser ouvido. Entre um casal, a falta de presença causa divórcio, pois quando vocês decidem se relacionar seriamente com uma pessoa, há um entrelaçamento energético muito forte, e a grande maioria dos relacionamentos começam com 100% da presença dos dois envolvidos, mas que às vezes com alguns casais, a presença vai sendo substituída pela ausência, e como existe esse entrelaçamento energético, eles sentem nitidamente que algo mudou, talvez não saibam exatamente o que, mas o fato é que uma mudança ocorreu.

A separação torna-se algo inevitável. Mas tudo isso não deveria ser assim. Quando vocês estiverem "de boa vontade" com alguém, estejam presentes. Se envolvam com aquela pessoa, deem atenção a ela, deixando de lado tudo aquilo que não pertence àquele momento. Aproveitando ao máximo aquele momento em companhia de uma pessoa que te dá bem-estar. Mas, quando vocês sentem desconforto ao pensar em estar com uma pessoa, não estejam. A ausência da vossa presença, mostrando falta de atenção ou interesse, não é benéfica para nenhuma das partes.

Esclarecendo os quatro passos

Nós, dividimos em quatro partes como vocês terem um relacionamento saudável, mas na verdade isso tudo faz parte de apenas uma coisa, do amor. Se uma relação não tem como base o amor, ela está fadada ao falimento, pois é impossível duas pessoas se relacionarem, se como base não tiver o amor, seja qual for a natureza da relação, ela não terá aonde se apoiar para crescer e dar frutos.

Por isso, se vocês não conseguem sentir amor por uma pessoa que não seja suficiente para um relacionamento, a melhor coisa a se fazer é se afastar dela, pois ninguém consegue conviver muito tempo com uma pessoa que não está na sua frequência. Mas, para vocês chegarem à conclusão de que aquela pessoa não está na vossa frequência, é preciso de autoconhecimento.

Têm pessoas que convivem com outras pessoas que não estão na mesma frequência por anos, em meio a brigas, discussões e ressentimentos. A consequência disso, muitas vezes, é a doença, e no melhor dos casos, a vida dessas pessoas, ficam completamente desarmoniosas, pois eles estão fora do fluxo do bem-estar.

Foi ensinado para vocês que para determinados tipos de relacionamento, se deve ter toda tolerância possível, mas a tolerância que se pede é aquela para se anular em nome do outro. Mas isso não é possível, pois todos têm o direito de serem felizes com suas próprias escolhas, todos têm o direito de se expressarem da forma que lhes traga felicidade, e se por acaso, vocês não se sentem mais na mesma frequência de uma outra pessoa, por amor a vocês e também por ela, o melhor a se fazer é aceitar a mudança e seguir as vossas estradas. Vocês estão aqui para aprender a serem felizes, aceitem essa verdade, e se vocês se relacionam com pessoas que não vos fazem felizes, é hora de encarar a situação e começar a criar uma outra mais harmoniosa para com vocês. Todas as ferramentas para as mudanças estão dentro de cada um, basta que vocês deem tempo para que ela se manifeste em suas vidas.

Como fazer o que se quer

Quando vocês leem isso, vocês associam essa frase a um ditado que vocês têm, "ele só quer sombra e água fresca". Mas essa frase, é muito mais complexa do que se pensa. A grande maioria de vocês foram ensinados que, "não se pode ter tudo na vida", então ao se deparar com a vontade de fazer o que se quer, dispara um alarme na cabeça de vocês dizendo, "*esse aí, não quer nada da vida*", e é completamente ao contrário disso, pois quem está querendo fazer algo que se quer, está na verdade querendo tudo da vida, está querendo ser o soberano de sua própria vida, está querendo pegar com as próprias mãos o poder que estava nas mãos dos outros, da escola, dos pais, da família, do médico, dos vizinhos, do chefe, do padre, do marido, esposa,etc..

Todos "tinham o direito" de vos dizer o que deveria ser feito ou não, e com isso vocês ficam fora do fluxo. Por que o fluxo, só existe a partir das vossas escolhas, e não das escolhas dos outros.

O vosso poder de criação intencionado, só acontece se vocês se entregarem aos vossos desejos. Então querer fazer o que se quer, não é algo que se faz por capricho, mas sim, uma necessidade de ser inteiro em harmonia consigo mesmo, e por consequência, estar dentro do fluxo. Vocês podem fazer o que quiserem, mas apenas se vocês estiverem no fluxo. Fora dele, nada acontece, tudo se bloqueia, pois não existe no Universo um outro fluxo.

Vocês devem se observarem bem quando estiverem pensando em um desejo, qual é a sensação que vocês estão tendo, qual é o tipo de emoção que estão sentindo, porque essas emoções são um indicativo de que os vossos desejos estão livre para poder chegar até vocês ou não, e se vocês sentem uma emoção ligada ao medo, como angústia e raiva, é porque existe ainda dentro de vocês uma crença ou esquemas mentais que vos impedem realmente de abrir o vosso coração para que o vosso desejo possa chegar, e não adianta vocês se enganarem e fingirem que não sentem o que vocês estão sentindo, isso não vos ajudará.

A melhor coisa a se fazer, é se perguntar, "*o que está me atrapalhando para conseguir o que eu quero?*". Esperem a resposta, e depois que a resposta chegar, diga a ela que vocês não precisam mais dela e a deixem ir.

Peça ajuda aos vossos anjos da guarda para esse processo, e somente quando vossas emoções forem da mesma frequência daquilo que vocês desejam, é que a estrada estará livre para os vossos desejos chegarem.

A vida de vocês, é como uma estrada em linha reta, os "problemas" são apenas pequenas lombadas e nada mais, eles não têm o poder de parar o percurso de vocês. Assim como as lombadas, os "problemas" só podem vos parar se vocês decidirem desligar o motor do carro ou mudar de direção, mas são apenas lombadas, quem decide se é melhor parar, mudar de caminho ou continuar, são vocês. Tudo é permitido, vocês nunca são punidos por nada.

O Universo sempre vos olha com amor, jamais com ódio ou indiferença, pois não faria sentido, Ele sentir ódio por Ele mesmo. Vocês, na densidade, não têm um olhar amplo da extensão das vossas vidas. Então, vos pedimos que faça uma lista de coisas ou situações que já chegaram até vocês, que já haviam manifestado conscientemente antes e peguem papel e caneta, e escrevam. Dediquem esse tempo para vocês mesmos, e ao terminarem essa lista, vocês terão a dimensão do vosso poder, mesmo que esse poder seja apenas uma pequena parte de todo o vosso poder de origem, e vocês verão que o vosso poder interior cria, cria de maneira harmoniosa, perfeita e orquestrada pelo Universo.

Vejam, quantas vezes que um pensamento que durou poucos segundos, criou uma situação diante dos vossos olhos. Essa maravilha é a prova do amor que existe ao vosso redor, que não vos abandona nunca e que faz de tudo para vos ver felizes. Basta apenas, que vocês se deixem transportar por esse fluxo do bem-estar. Todo o vosso poder é potencializado nele.

Sempre que vocês quiserem estar em paz convosco, vocês devem respeitar os vossos desejos, pois somente quando vocês estiverem "inteiros", é que irão estar no fluxo. Imaginem que vocês estão querendo ir a uma festa, vocês tem o endereço, mas não conhece o caminho. De repente, vocês se encontram em uma bifurcação, como vocês não conhecem o caminho, vocês não sabem se devem ir para esquerda ou para direita, então vocês se auxiliam com o GPS do carro que está dizendo para ir para direita, e vocês, sem dúvida alguma, pegam a direita. Vocês não ficam se perguntando, "*mas será que é essa a estrada?*" , ou "*mas aquela estrada é mais bonita?*".

Se o GPS vos indicou aquela estrada, é porque é aquele o caminho. Esse é o vosso pensamento. Vocês confiam naquela voz eletrônica, e é desse modo que vocês devem se comportar com vosso coração. Ele não tem uma voz eletrônica, mas tem as emoções que vos mostra sempre a estrada certa, e somente quando vocês criarem um hábito de se auto analisarem, é que vocês irão estar atento para as emoções.

Elas são as companheiras que não vos abandonam jamais. Gostando delas ou não, elas sempre vos dizem a verdade. Em menos de um segundo, vocês já têm o "diagnóstico", se aquela situação te traz bem-estar ou não. Se a situação traz bem-estar, é porque aquela experiência será proveitosa, mas como dizemos, as emoções são rápidas, e se vocês não estiverem atentos, elas chegam e vão embora sem que vocês consigam percebê-las com exatidão, mas aquele que estiver atento a elas, as notará com tanta clareza, que será como se tudo ao seu redor deixasse de existir, e sem dúvida alguma, ele saberá qual será a escolha a ser feita.

Comecem a fazer um exercício, que é muito simples, porém muito eficaz. No vosso dia a dia, se perguntem várias vezes o que você está sentindo e análise suas emoções naquele exato momento.

Muitas vezes, vocês estão fazendo algo que não querem há muito tempo, que nunca tinham percebido antes. Têm pessoas que têm doenças ou dores crônicas por causa disso. Se eles se observassem cotidianamente em suas tarefas, se perguntando a cada uma delas, "*o que eu estou sentindo?* ", elas iriam começar a se conhecer, e depois começariam a deixar de lado tudo aquilo que não vos traz emoções de alta frequência, e como um passe de mágica, as dores ou doenças iriam desaparecer.

Deixem somente em vossas vidas, atividades que estejam ligadas às emoções de alta frequência como, a alegria, esperança, paixão , etc., com esse navegador interno, vocês não têm como pegar a estrada "errada".

Simples escolhas

As vossas escolhas são simplesmente a decisão de experimentar algo. A maioria de vocês pensam que, para determinadas escolhas, se "deve ter mais cuidado" do que para outras. Por exemplo, vocês vão à padaria comprar pão, então olham para todas as prateleiras para escolher aquele que vos chama mais atenção, e que isso pode ser feito sem nenhum tipo de "compromisso". Mas, quando vocês estão escolhendo alguém para se casar, "deve se pensar bem", pois o casamento é uma coisa "séria". Esse tipo de crença é muito interessante, amigos físicos, porque para o Universo, a escolha é apenas uma escolha. Não existe aquela que é séria e aquela que não é, pois toda escolha tem como finalidade, iniciar uma experiência, e essa aos olhos do Universo, serve para vos trazer felicidade. Seja uma pessoa para vocês dividirem a jornada ou escolher comer um pão. Para o Universo, o que importa é o resultado final, é o vosso estado, ele só se importa se vocês estão felizes ou não.

O que acontece muitas vezes, é que ao pensar que a escolha "deve ser feita com mais cuidado para não me arrepender depois", vocês escolhem com base no medo, pois é dele que vem a dúvida, do medo de ter escolhido a opção "errada". Mas se para toda situação, vocês se comportarem de igual modo, quando vocês vão à padaria, e que podem escolher com calma o pão que vos chama mais atenção, sem um porquê, mas sim, pelo fato de que ser aquele que vocês sentem que devem comprar, vocês estarão fazendo as vossas escolhas em base ao vosso navegador e não nas vossas crenças que vos foram ensinadas.

Podem ficar sentados e observarem a vida vos jogar de um lugar para o outro, ou vocês podem começar a olhar para dentro e pegar o comando das vossas vidas, isso também é uma escolha.

A vida deveria ser visto por vocês como algo muito simples, um conjunto de experiências, sem nenhuma restrição, porque é exatamente isso. Todos os "devo" poderiam ser trocados pelos "quero", e assim, a vida de vocês ganharia mais cor e mais movimento, e haveria menos dor e sofrimento, porque é a resistência que vos traz sofrimento, e cada vez que vocês tem que tomar uma decisão, e decidem sem a ajuda do vosso navegador interno, ou seja, uma decisão baseada nas crenças limitantes, vocês estarão resistindo ao chamado interno, que está pedindo para fazer uma outra experiência que estaria na vossa frequência.

Quantas vezes, vocês fizeram escolhas e depois viram que aquela escolha lhes rendeu frutos excelentes, muito mais do que vocês poderiam imaginar, isso porque, escolheram de acordo com o vosso indicador de emoções, e também porque fizeram sem pressão nenhuma, tudo correu "naturalmente", então puderam abrir espaço para que o Universo se manifestasse.

Muitas vezes, vocês se veem sem alternativas, como vocês dizem, "*em um beco sem saída*", mas isso não é verdade, porque sempre têm uma escolha para se fazer, o simples fato de não fazer uma escolha, já é uma escolha. Então a cada dia e a cada momento da vida de vocês, o poder da escolha está nas vossas mãos. Não se desesperem ao olharem para vocês mesmos, e verem que estão com medo de escolherem a opção mais adequada para vocês, porque o medo é algo momentâneo e não faz parte de vocês, o que devem fazer quando isso acontece é: parem tudo o que vocês estão fazendo, respirem, para que a Luz possa dissolver o medo, e comecem a sentir qual das alternativas vos traz uma sensação de bem-estar. Quando vocês optam por, "*qualquer coisa para mim está bom*", vocês estão abrindo mão desse poder magnífico e estão mandando para o Universo uma mensagem de insatisfação muito grande, pois não é da natureza de vocês se contentarem com "qualquer coisa", só para não ter que escolherem, só porque vocês pensam que está "*tudo ruim, então tanto faz se eu escolho A ou B*". Isso não faz parte de vocês, mesmo porque, a vida nunca pára, e a cada escolha um ciclo se começa, por mais simples que seja as vossas alternativas, ainda assim ela terá uma consequência. É como se ao se depararem em uma situação desagradável, vocês não se importassem mais se ficasse melhor ou pior a vida de vocês. Isso não faz o menor sentido, pois se a vida de vocês está desconfortável, as escolhas servem para melhorá-las, e se a vida de vocês está confortável, poderá ficar ainda mais, pois não existe um limite para o bem-estar.

Basta vocês estarem abertos para que ele flua através de vocês, e ele sempre operará por meio das vossas escolhas. Comecem a olhar as vossas decisões como se estivessem com as vossas vidas nas vossas mãos, pois é exatamente isso.

Tudo está disponível

Basta vocês se abrirem, para que o movimento aconteça. Não adianta se esconderem, a vida vos chamam para dançar todos os dias, e por mais que às vezes pensem que não pode ser diferente, nós vos dizemos, isso é só uma ilusão, sempre as coisas podem se movimentar. Aliás, sempre as coisas se movimentam, nada permanece em eterno do mesmo modo. Existe apenas a ilusão de que é permanente. A realidade é que, vocês têm o poder para mudar qualquer situação em vossas vidas, pois isso é ter o poder das vossas vidas dentro de cada um. Vocês foram ensinados que o poder para todas as mudanças que vocês querem, está "nas mãos de Deus", mas esqueceram de vos ensinar que vocês são o próprio Criador. São alunos do Universo, e que não existe diferença entre Aquele que criou e toda a Criação.

Tudo é intrinsecamente a mesma coisa, ou seja, a Luz. Sempre a Luz, a Luz que cria e dá vida a tudo. Vocês são feitos e fazem parte dela, e quando vocês começam a se abrirem para essa verdade, muitas crenças desaparecem, porque não existe uma base para a crença da separação, não existe como ela sobreviver diante da verdade da Unidade, e quando se pensa na Unidade, não é possível se sentir do lado de fora dessa energia, se não, existiriam duas energias, mas existe apenas uma. A energia que cria mundos e aquela que criou vocês, que criou as vossas casas, os vossos carros, os vossos cabelos, as vossas consciências, enfim, é sempre a mesma energia, e ela nunca se enfraquece.

Existe apenas uma coisa que pode fazer com que ela não crie, não dê frutos, o fato de que àquela consciência que estiver manipulando ela, não acredite no seu poder, porque essa é a lei, tudo aquilo que vocês não acreditam, não existe para vocês, e cada vez que vocês não acreditam, vocês fecham as portas para todo esse poder que vem de dentro de vocês, "não tem como sair" para criar.

É claro que esse poder é de uma força muito grande, que muitas vezes, ele se manifesta em coisas que vocês "não querem", mas isso acontece porque na verdade, ele se manifesta onde vocês colocam a vossa atenção ou o vosso foco. Então para ele, não tem diferença se é um desejo ou uma resistência, ele cria situações com a mesma frequência que vocês estão emitindo, mesmo sabendo que a situação que está sendo gerada será de baixa frequência, porque ele não faz essa diferença, porque ele sabe que nada pode realmente "te fazer mal", que vocês estão sempre seguros e que não existe perigo algum em todo universo. Então, é como se ele fosse o vosso "pai", e vos deixasse em um playground, cheio de brinquedos com toda segurança, sabendo que não existe nada ali que vos traga um perigo, e que ele não sairá dali em nenhum momento, porque no momento que vocês desejarem "trocar de brinquedo", ele vos pegarão pela mão, para vos levar em direção ao brinquedo que vocês escolherem, sempre em segurança.

Essa segurança, deve começar a ser trabalhada por vocês. Faça uma lista de coisas inesperadas que aconteceram para vos tirar de situações difíceis. Se deem esse tempo para que as vossas lembranças vos mostrem essa verdade. Ela será enriquecedora para vocês, pois vos mostrará a potência desse poder, vai mostrar que quando vocês querem "trocar de brinquedos", esse poder maravilhoso que existe em vocês, entrará em cena, e vos mostrará uma outra opção.

Aceitar, não é se acomodar

Muitas vezes, nós falamos que vocês devem aceitar as situações, e isso vos causa um pouco de confusão, pois vocês foram ensinados que "aceitar" era se prostrar diante de uma pessoa ou situação, calados. Mas isso não é o verdadeiro "aceitar".

Quando vocês olham uma criança, que começa a chorar irritada, mostrando nitidamente que está com sono, o que vocês dizem? "*Ela está brigando com o sono ao invés de ir se deitar, relaxar e dormir*", e isso é motivo de risadas, pois é engraçado a criança não querer aceitar o fato de que ela, naquele momento, necessita de uma pausa, e esse exemplo, não poderia descrever melhor o que é aceitar.

Aceitar, é vocês constatarem que a situação que estão passando é o que é, relaxarem diante dela, e deixarem ela se desenrolar diante de vocês. Isso não quer dizer que vocês não devam desejar que outras situações mais agradáveis aconteçam logo em seguida na vida de vocês. Quer dizer apenas que, é impossível vocês ficarem se debatendo com algo que já está acontecendo. Vocês foram os criadores dessa situação desagradável, isso quer dizer que poderão criar uma outra situação com uma frequência mais alta, mas só conseguirão emitir para o Universo uma frequência mais alta, se separarem do que está acontecendo, porque o que acontece é que, quando a situação é desagradável, vocês se misturam com ela, como se ela fosse vocês e vice-versa. Mas isso não é verdade, vocês são essa consciência que mora dentro desse corpo, logo as situações que acontecem ao vosso redor, por mais que tenham sido atraídos por vocês, elas acontecem no vosso externo, não fazem parte de vocês.

Então, não é possível que elas têm o poder de baixar a vossa frequência, isso acontece porque vocês se misturam com ela, sem saber que estão se misturando.

Vejam queridos amigos físicos, os médicos de vocês deixam que vocês contem os vossos problemas de saúde a eles, depois eles tentam encontrar a solução mais adapta para vocês, e a partir do momento que vocês saem pela porta do consultório, eles se desligam de vocês, pois não seria possível eles analisarem o próximo paciente com todos os problemas de vocês na cabeça deles, e isso é um método maravilhoso para serem seguidos por todos, para se protegerem das baixas frequências.

Então entendam, vocês são responsáveis pelas situações, mas não fazem parte delas, e nem elas de vocês. Vocês são apenas o ponto de atração e devem a partir do momento da criação do desejo, manter essa separação sem apego, porque o apego gera ansiedade que vem do medo de não estar fazendo o bastante. Então se separem da situação em que vocês estão vivendo agora, seja ela " boa ou não ", e comecem a criar a próxima situação e sempre a partir da vossa frequência de origem, que é alta, pois vem do amor e da harmonia com o Todo.

A criação de algo, tem como único objetivo, a experiência, por isso que não é importante para o Universo, para esse poder que existe dentro de vocês, se essa criação será de alta ou baixa frequência. Claro que para o Universo, para consciência infinita que criou todas as coisas, o único sentimento que existe é o amor. Então se vocês perguntarem para o Deus que existe dentro de cada um de vocês, como Ele está se sentindo agora, Ele responderá: *Eu estou feliz.* Por que ele não permite que o externo o perturbe, pois Ele é plenamente consciente do Seu poder e também é consciente de como as coisas são e da impermanência de tudo.

Por isso que muitas pessoas que passam por situações de quase morte ou coma, quando retornam, se transformam em pessoas pacatas, felizes e positivas, pois elas entraram em contato com esse Deus interior, que expande a consciência delas ao ponto de se liberarem completamente das crenças que as tratavam como marionetes.

Elas começam a ver a vida mais bonita, apreciando naturalmente todas as maravilhas que elas presenciam todos os dias. São mais verdadeiras com elas mesmas e por consequência com tudo ao seu redor. Mas vocês não precisam passar por uma situação extrema como essa, para atingir essa magnífica expansão.

Criem em vocês esta vontade de abandonar as crenças que condicionam as vossas escolhas. Como a escolha de estar bem em um lugar porque vocês querem estar lá, e não por que alguém de quem vocês gostam muito, vos convidou e vocês não querem chateála. Essas pequenas escolhas, fazem grandes diferenças, pois o tempo que vocês estão usando para fazer algo que não querem, poderia ser usado para fazer aquilo que vos traria paz e tranquilidade.

Então, antes de darem uma resposta final para escolha, pensem se o resultado vos trará paz e alegria, ou vos trará essa insatisfação e sofrimento. Não se enganem com o resultado da análise, não vos ajudará em nada. Vocês só estarão criando uma situação desconfortável para vocês mesmos.

O sofrimento é inevitável?

Não, absolutamente não. Por mais que a situação que vocês estejam passando seja de baixa frequência, que estejam se sentindo desconfortáveis, ainda assim não existe motivo para sofrimento. O sofrimento só existe porque existe o medo. As pessoas que não têm medo dentro delas, não sofrem.

Em algumas páginas anteriores, nós dissemos que vocês deveriam se "des-envolverem" das vossas emoções, e nós agora acrescentaremos, se"des-envolvam" dos vossos "problemas", pois esse é o único modo de vocês começarem a ter um olhar mais elevado da situação que vos circundam.Talvez, seja difícil no começo, mas todos vocês são capazes de fazer isso.

Olhem para um bombeiro quando está resgatando uma pessoa, ele não pensa se as chamas estão grande ou se as águas estão fortes. Eles são treinados a estarem diante de um problema, a pensarem somente na solução. O "problema", ou seja, o incêndio ou a enchente, não existem para eles naquele momento. Por isso que muitas pessoas se dizem não adaptadas para esse trabalho, pois ficam aprisionados nos "problemas" que causaram o socorro, e não conseguem se concentrar na missão de socorrer, e é assim que a maioria das pessoas fazem com suas próprias vidas, se concentram nos problemas, e não se concentram em buscar uma solução.

Cada um, tem dentro de si, todas as ferramentas para resolver seus próprios "problemas", basta que se tenha um pouco de calma e que se decida por procurar pela solução, ao invés de ficar contemplando todos os ângulos do "problema".

Veja o exemplo de um rio, muitas vezes, ele está correndo pelo seu curso tranquilamente, quando de repente, algo cai dentro d'água, se for uma pedra pequena, ele prossegue sem nenhuma interrupção, mas se for um tronco de árvore, ele se vê na situação onde deve encontrar um modo para continuar, mas ele não se desespera, porque ele sabe que a sua natureza irá encontrar um modo para continuar, então, percebe que seu volume começa a crescer tanto, que ele consegue passar sem problemas pela árvore, e assim, são as pessoas que conseguem se focar na solução. Elas sabem que é uma questão de tempo, pois a natureza delas é continuar, então, encontrar a solução é uma questão de tempo.

Por isso que é importante vocês não se deixarem levar pelas emoções, pois elas são importantes como indicadores, mas se vocês passarem o comando das vossas vidas para ela, vocês serão jogados de um drama para o outro, todos os dias, pois pela lei da atração, um drama irá atrair o outro, e vocês irão estar fora do fluxo do bem-estar.

Queridos, no fluxo, vocês encontram não só a paz que vocês desejam, mas também as soluções, quando elas forem necessárias. A vida é muito simples, mas é o modo que vocês a veem, que vos dá a sensação de complexidade. A solução, muitas vezes, não é bem vista aos vossos olhos, pois elas, às vezes, colocam um fim em uma situação que vocês não estão querendo abandonar. Então, em nome de manter essa situação, vocês evitam que aquela solução chegue até vocês. Muitas pessoas, passam por inúmeros problemas, apenas para se sentirem úteis ou corajosas, porque é "bonito" dizer que, "*a minha vida foi difícil, mas eu venci*". Queridos, pensar na vida deste modo, é mandar para o Universo a mensagem de que vocês gostam de situações difíceis, e assim, tudo na vida daquela pessoa será mais difícil, pois é útil para ela que seja assim.

Isso faz parte do sentimento de vítima que está no controle, e quando isso acontece, ela não consegue "se socorrer", porque ela é a vítima e ficará em um canto esperando que um "salvador" venha para resgatá-la, desprezando completamente esse poder criativo maravilhoso, que existe dentro dela. Mas quando ela começa a perceber a força que está dentro dela, é inevitável que saia de onde esteja e comece a criar aquilo que a sua alma almeja viver.

Existe um sino interior

Muitos ainda não perceberam, mas existe dentro de todos vocês, uma espécie de alarme, um sino que toca todas as vezes que vocês devem mudar de direção. Ele não toca em forma de som, mas sim de um desejo, e na maioria das vezes, vocês não conseguem ficar indiferentes a ele, pois vem um desejo que a todo momento passa pelas vossas cabeças, que se alguém vos perguntar, "*o que você gostaria de verdade de estar fazendo?*". É muito interessante, pois no momento em que vocês estão respondendo, vocês respiram fundo, se relaxam para dizer, "*Ah! por mim eu agora estaria fazendo...*". Esse é o sino que está vos dizendo, "*vai , acredita, esse é o caminho*", e que muitas vezes, vocês terminam uma frase dizendo, "*mas isso é só um sonho*". Como se vocês não fossem merecedores de tudo aquilo que vocês querem, como se para ter uma coisa boa, precisassem ser uma outra pessoa, e na verdade, a única coisa que está faltando, é acreditar na vossa essência, que está vos garantindo que a estrada está aberta para vocês.

Na vida de vocês, não tem que ter espaço para "devo fazer", pois ele nunca é o vosso desejo, pois toda vez que vocês desejam algo, vocês começam a frase com "eu quero", porque é algo que nasce de uma vontade sincera que algumas vezes, é até inexplicável.

Por exemplo, vocês conhecem uma pessoa, e por ela, vocês desenvolve um amor muito grande, uma vontade de estar do lado dela sempre. Então chega alguém e pergunta: "*mas o que você viu nela?*", e a resposta geralmente gira em torno de, "*não sei, acho que é porque a gente se dá bem*", mas na verdade é que não existe uma resposta "racional" correta, do porquê você gosta ou não gosta, a questão é sempre que, vocês sentem amor por aquela pessoa, e é um sentimento tão forte que o "porquê" não importa, o importante é viver aquilo intensamente, do mesmo modo, quando o "amor acabou" dentro de um relacionamento. Se começa uma caça aos defeitos do outro, para justificar aquilo que se está sentindo.

A questão importante é que esse "sino", sempre toca e não importa se vocês acreditam e desejam tomar uma decisão a respeito, ele continuará tocando até que vocês tomem coragem para assumi-lo, pois ele não é uma coisa externa a vocês, ele é uma parte vossa que está vos avisando que aquilo deve ser feito, ou desfeito.

Olhem para si mesmos constantemente, isso vos dará um conhecimento mais profundo de como funciona esse sino, e com o passar do tempo, começarão a aceitá-lo como a vossa verdade absoluta, pois ele sempre vos indica o bem maior, ou seja, o vosso bem-estar, e o que muitas vezes faz com que vocês evitem ouvi-lo, é o medo da mudança. Mas amigos físicos, a mudança é somente o início do que vocês tanto desejam.

Muitas vezes, para chegar algo em vossas vidas, uma outra deve primeiramente sair, e nesse meio tempo em que uma sai e a outra ainda não chegou, é que vocês se sentem como se estivessem sem chão, e que estivessem sozinhos e desamparados. Mas isso nunca acontece, sempre vocês estão sendo amados pelo Universo, sempre.

Claro, que se vocês começarem a acreditar que a mudança, mesmo que não as entendam no primeiro momento, será pelo vosso bem maior, será para vos colocar no fluxo do bem-estar, então tudo seria diferente, pois vocês iriam ficar contentes e curiosos, como "*quero ver onde essa mudança vai dar!*", e vocês não teriam dúvidas sobre o amor que vos rodeia e sobre que são merecedores, não teriam medo de acreditar no que desejam.

Para começar acreditar nesse sino, basta olharem às pessoas otimistas que vocês conhecem. Converse com elas, e elas vos dirá as coisas mais fantásticas que já lhes aconteceram, muitas vezes coisas extraordinárias, que só acontece a quem se entrega ao fluxo e se pergunta, *"qual é a próxima maravilhosa aventura que o Universo me reserva?"*.

Como ser positivo

Têm pessoas, que por causa do seu próprio percurso, são naturalmente positivas,]mas têm outras que também por causa dos seus percursos, escolheram guardar dentro de si, todas as mágoas que encontraram no caminho, e com isso, elas perdem a oportunidade de se abrirem novamente para vida.

Se vocês encararem que ao invés de terem experiências, vocês têm "batalhas" durante a vida, será muito difícil desenvolverem dentro de vocês a positividade, porque acreditar é uma opção, assim como guardar rancor. Não é obrigatório, cada um faz a sua própria escolha.

Vocês não podem acreditar no que é dito pela sociedade como verdadeiro, pois para maioria das pessoas, é "normal" ficar bravo quando alguém vos ofende, "ficar bravo" é uma opção, pois a ofensa, são apenas palavras com uma determinada frequência, se vocês estiverem fora daquela frequência, ela jamais poderá alterar a vossa. Então quando começarem discutir com alguém, lembrem-se que isso está acontecendo, porque vocês estão na mesma frequência, e em uma discussão, não interessa quem começou ou não, no final, as duas pessoas se sentirão ofendidas com uma baixíssima frequência.

As pessoas que estão seguras de si, não discutem, elas sabem que não precisam defender nenhum ponto de vista, e normalmente elas se retiram do local ou elas ficam caladas escutando a versão do outro. Para vocês serem "arrastados" para uma briga ou discussão, é porque vocês estão naquele momento na mesma frequência que o outro. Mas mesmo assim, ainda é uma escolha. Mesmo que vocês estão sentindo raiva da outra pessoa e ela vos está "chamando para uma discussão", vocês têm a opção de virar as costas e ir embora, ao invés de começar algo que na maioria das vezes, vos deixará se sentindo pior no final. Então, vejam que mesmo quando estiverem em uma discussão, o fato de virarem as costas e ir embora é um ato positivo, pois todos sabem como que se sente depois de uma discussão ou uma briga, e com certeza, ir embora antes dela começar, é a opção mais positiva daquela situação.

Ser positivo, muitas vezes, é apenas pegar a melhor opção, aquela que vos fará sentir melhor. Claro, que o ideal seria vocês estarem contentes e se sentindo felizes o tempo todo, pois é esse o vosso estado original, mas quando a vossa frequência cai e vocês se sentem com medo e tristes, escolher a melhor opção é buscar que a vossa frequência não caia ainda mais.

Quando vocês tiverem o hábito de se perguntarem, *"como estou me sentindo agora?"*, vocês irão ver que, mesmo que estejam no meio de um engarrafamento ou dentro de um metrô cheio, vocês vão se perguntar, e rapidamente a resposta virá por esse "dispositivo de sobrevivência", e se por acaso estiverem baixando a vossa frequência, vocês irão procurar imediatamente elevá-la, pois a felicidade é o único objetivo de vocês.

Todos os vossos sonhos ou desejos são baseados em uma "promessa" de felicidade, então logo se conclui que a felicidade é o vosso objetivo principal. Mas vocês não podem pensar que a felicidade é restrita à alguma situação, como quando ganham algo inesperado ou quando algo que queriam que acontecesse, a felicidade/alegria é como se fosse o curso do rio e vocês são a água desse curso. Não tem como existir um sem o outro. Ela depende de vocês e vocês dela, juntos, vocês e a felicidade/alegria passarão por qualquer situação, pois juntos se sentirão muito mais fortes. Mas como sempre, ser otimista e procurar a felicidade é uma opção, assim como se entregar a tristeza achando que ela é normal, caberá sempre a vocês essa escolha.

Muito se fala sobre a realidade, e sempre se diz, nada é real, mas isso não é verdade. Vamos explicar melhor. Vocês vivem em um mundo onde existe coisas reais e ilusórias, é aí que toda confusão começa, pois se aproveitando deste fato, muitas inverdades foram criadas dizendo que, "tudo é ilusão" e vocês então se sentem perdidos no meio das crenças de que "tudo é real" ou "tudo é ilusão", e nenhuma delas é 100% verdadeira, porque existe a ilusão e existe aquilo que é real.

O que também ajuda a vocês confundirem tudo isso, é o fato de que vocês foram ensinados a acreditar somente no que os vossos olhos veem, e aquilo que não se vê é considerado superficial, sem uma base concreta para ser credível.

Vamos partir do princípio que vocês são Luz, e que a Luz não tem forma, então podemos dizer que por essa teoria, vocês não existem (risos), mas nós todos sabemos que isso não é verdade. Então se vocês existem, como é possível não acreditar no que não veem? É muito interessante isso.

A grande maioria das coisas reais, não são visíveis aos vossos olhos na terceira dimensão. A maioria delas, podem apenas ser sentidas com vosso coração, que ao percebê-las, as reconhece e se alegra com elas. Tem uma outra frase interessante que diz, "só o amor é real" e isso é verdadeiro. Somente as coisas que representam o amor são verdadeiras, mas vejam, quando vocês abraçam uma pessoa que vocês gostam muito, por exemplo, não é o abraço em si que é verdadeiro, mas sim a energia que foi gerada entre vocês, que é o amor, é real, pois o abraço pode ser dado por amor ou não, então ele em si é vazio, é o amor que o preenche e dá vida a ele. Então o abraço com amor é real, o abraço dado com desprezo, é ilusão.

Olhando sempre por esse ângulo, fica muito fácil verem o que é ilusão e o que é o amor. Daremos um outro exemplo, um agricultor que cultiva suas plantas com agrotóxico, ele está trabalhando na ilusão. Já o agricultor que cultiva tudo biologicamente, está demonstrando um amor à terra e às pessoas que irão consumir os seus produtos, que ele literalmente, está cultivando a realidade, pois a realidade Divina pode ser encontrada em todo lugar, basta que vocês estejam com os olhos atentos e não se deixem enganar com as crenças limitantes que vos foram ensinadas. Muitas vezes, nós vemos pessoas que dedicam suas vidas em ajudar o próximo, mas que não fazem por amor, mas sim por culpa de se sentirem "privilegiadas economicamente" ou fazer com sentimento de superioridade, achando que sem ela, aquelas pessoas, não teriam a menor chance na vida.

Para essas pessoas, a ilusão é tudo que elas têm, porque se elas estivessem fazendo por amor, estariam criando situações reais cheias de amor. Então todas as vezes que vocês estão para fazer algo que seja por alguém ou por vocês mesmos, pensem se, o que vocês estão fazendo é por amor ou não, então vocês terão a resposta se estão criando uma realidade ou ilusão. Mas o mais interessante é que tanto um quanto outro, haverá consequências, pois a ilusão estará fazendo um vórtice de baixa frequência, já a realidade, estará fazendo um vórtice de alta frequência.

Lembrando sempre, que a energia não consegue ser escondida ou manipulada, aquilo que vocês estiverem emitindo, será o combustível para suas próximas criações nas vossas vidas. Plantem na realidade e vocês colherão criações positivas em vossas vidas.

O Universo é um parque de diversões

Quando dizemos, Universo, estamos dizendo tudo e o Todo, porque Ele é a junção de tudo aquilo que existe em todas as formas, e isso é Deus.

Vocês têm uma visão interessante sobre o fato de que aqui em Gaia é um lugar para se sofrer e que depois da passagem, que vocês chamam de morte, vocês serão felizes. Muitos dizem que aqui é um mundo de provas e expiações, essas crenças são tão limitantes queridos amigos físicos, pois elas vos ensinam que a felicidade, alegria e prosperidade, não pertencem a esse mundo.

Então, nós fazemos uma pergunta: porque Deus os colocaria em um mundo tão bonito como Gaia, se não fosse para vocês se sentirem bem? É difícil responder essa pergunta para aqueles que acreditam nessas crenças, pois elas não fazem sentido, que se essas crenças fossem verdadeiras, Gaia deveria ser um mundo feio, em que tudo que vocês olhassem trouxesse desânimo, e é o inverso, basta olhar para os animais, ou para as flores ou para o mar, e tudo inspira relaxamento e alegria. Isso porquê, o Universo é felicidade e alegria em qualquer lugar, e quando nós dizemos, qualquer lugar, entendemos muito mais lugares do que vocês imaginam, porque o Universo é sempre exuberante, sempre magnífico e é sempre inspirador. Ele é o amor, sempre. São as crenças limitantes que criam cenários de sofrimento, não é o lugar, mas sim, o sentimento que estiver dominando vocês naquele momento. Se vocês estiverem alegres, tudo que verão será Amor, mas se estiverem tristes, tudo ao vosso redor será dor, e não tem nada a ver com o lugar, é somente com vocês.

Vocês foram ensinados que dependendo do lugar e da situação, "deveriam" se comportar de um determinado modo. A maioria de vocês, não conseguem enxergar o quanto essa "regra" é danosa, pois ela vos tira a liberdade de serem vocês mesmos.

Por exemplo: se o marido "trair" a mulher, todos esperam (nos dias atuais) que a mulher o mande embora, e não o perdoe, e muito menos deixe-o voltar para casa. Essa mesma situação, há décadas atrás, era resolvida de uma maneira completamente diferente. A mulher não podia nem pensar em não perdoar o marido e também não lhe era permitido colocar ele para fora de casa, e nem mesmo a sua família iria aceitá-la novamente em casa depois de uma separação. A mesma situação com "regras" tão diferentes, com distância de apenas algumas décadas.

Nós, estamos dizendo isso para vocês entenderem que a sociedade, "os outros", não são capazes de gerenciar as vossas vidas. Essa tarefa, é vossa. Não tentem agir de uma determinada maneira só porque os outros esperam que vocês façam, vocês devem fazer aquilo que vos ressoa convosco. Por isso que quando vocês embarcaram nessa aventura aqui em Gaia, vocês não tinham medo das situações, porque eram guiados pelo coração e sabia que com ele jamais poderiam errar o caminho. Então, vieram cheios de alegria para espalhar as vossas Luzes, procurando fazer todas as experiências que não tinham feito antes, porque tudo é permitido, não há nada proibido no Universo.

Vocês sabiam que tudo era transitório, e que qualquer situação iria acabar, seja de alta ou de baixa frequência, estaria sempre dentro de um ciclo. É do mesmo modo quando vocês se sentam à mesa para fazer uma refeição, sabem que a refeição é transitória, que em um momento o vosso prato está cheio e daqui a pouco estará vazio, pois aquele ciclo terminará. Têm aqueles que comem com prazer e têm aqueles que comem sofrendo, ou por querer comer outra coisa ou porque pensam que o que estão comendo fará "mal" a eles de alguma forma, e é exatamente assim todas as situações, elas sempre têm um começo e um fim, mas é o modo como vocês passam por ela que vos dá alegria ou sofrimento.

Existem hoje pessoas que estão descobrindo que existe vida em outros planetas e que a vida em outros planetas é "melhor" do que aqui. Mas isso não é verdadeiro, porque eles, nos outros planetas, não encaram a vida da mesma maneira que esses irmãos físicos que querem ir embora da Terra encaram, como se o "problema" deles fosse o lugar.

O que acontece com eles é que, escolheram estar aqui porque sabiam que iriam ter determinados percursos que lhes dariam determinadas experiências. Em nenhum momento isso significaria sofrimento, era apenas experiências, que se eles fossem para outros planetas, eles levariam consigo essas lacunas, por não terem passado por elas. A dor e o sofrimento não existem, o que existe é a falta de conhecimento do poder interior que existe dentro de cada um. Esse poder, transforma e dá vida a qualquer situação. Por isso que para as vossas almas, qualquer lugar em que elas estiverem neste universo, será apenas mais uma ocasião para experienciar, sem se importar com o externo, somente com a sensação que a experiência está vos dando.

O Criador se dividiu em "tantos pedaços", e esses deram origem a todos os seres individualizados, aos sóis, aos planetas, as estrelas, enfim, toda a criação faz parte da mesma energia que irradia Dele, e por isso não existe lugar melhor ou pior, é a percepção que vocês têm que define se gostam ou não. Mas como dissemos, é somente uma percepção, não é real, porque a realidade é Divina e inconstante.

O Universo se expande

Os vossos cientistas já descobriram há algum tempo, que o universo (espaço) está em constante expansão, e eles estão certos. O Universo ainda está se expandindo, todos os dias nascem planetas, estrelas, galáxias, etc., mas essa expansão, não pode nascer sem a intenção de algum ser individualizado. O que isso quer dizer? Quer dizer que para nascer um novo planeta, precisou de alguém para desejá-lo. Para que nascesse uma flor, alguém desejou, para que haja uma expansão, deve ter antes um desejo. Logo se conclui que o desejo é o primeiro passo para expansão.

Imagine uma bexiga sem o ar, ela é um pedaço de borracha sem forma, mas quando alguém sopra o ar dentro dela, ela se expande, ganhando vida, ganhando forma. Assim é o Universo, se vocês não "soprarem" os vossos desejos, Ele não ganha forma. Por isso que não é verdadeiro quando se diz, "Deus é dono de tudo", primeiro, porque vocês são o próprio Criador encarnado e segundo que para Ele não existe essa separação de, teu e meu, que vocês veem, porque Ele é tudo e é o Todo. Não tem sentido vocês oferecerem à Ele coisas que já Lhe pertence. Ele não ficará "mais contente" com vocês por isso. Ele é todas as coisas, então nesse caso Ele seria o ofertante e a oferta, e isso não faz menor sentido.

Quando nós falamos oferta, nós entendemos que muitas vezes vocês não se dão conta que fazem isso o tempo todo, porque vocês pensam apenas naquelas religiões que matam animais ou fazem oferendas. Mas a verdade, vai muito além disso, pois quando vocês estão rezando/orando e dizendo "*Deus, cuida da minha casa, do meu emprego, da minha família*", vocês estão fazendo uma oferenda, pois vocês estão pedindo que Ele tome conta, ou seja, que Ele os aceite sobre a Sua Graça, como se antes do pedido tudo já não estivesse, como se tudo que está nas vossas vidas ou nas vidas dos vossos parentes, fossem um "acaso", que a lei da atração não existisse, que vocês não fossem Seres frequênciais que atraem magneticamente energia semelhante à que vocês estão emitindo o tempo todo.

Então se repete mais uma vez a separação, pois agindo dessa forma vocês se veem divididos do Criador, onde que se vocês não pedirem não ganharão, e assim, vocês não conseguem se expandirem, e por não se expandirem, vocês se sentem "estranhos", pois a vossa natureza não está sendo ouvida. Então, vocês sentem um vazio por não estarem fazendo algo que mesmo sem perceberem, sabem em que deveriam estar fazendo. O Criador vos ama de um modo que vocês não conseguem compreender ainda.

Esse amor é tão grande que não quis se separar de vocês, ele permanece para que "o fio" que vos prende a Ele não se rompa jamais, e é por isso que ele habita dentro de todos, e sempre habitará, aconteça o que acontecer, porque talvez, vocês não consigam entender o conceito de *incondicional* que tanto se fala, pois os véus tornam esse amor incompreensível para vocês, mas ele é real, ele existe, e é o amor que o Universo sente por vocês, porque para o Criador, não existe dualidade, logo não existe nada que não seja amor, então Ele não consegue sentir outra coisa por vocês.

Nós queremos vos dizer que esse amor incondicional já existe dentro de vocês, mas é que vocês o encobriram em uma montanha de crenças limitantes que vos ensinaram a julgar o que deveria ser amado ou não, o que deveria ser honrado ou não, mas a primeira pessoa com quem vocês usam essa crença, são com vocês mesmos.

Vocês se cobram de uma maneira tão feroz, e vocês não percebem, vocês não se auto congratulam quando fazem algo positivo, como se fosse "obrigação" fazer o que vocês fizeram, e assim, vocês se tornam os vossos maiores algozes.

Vocês devem se olhar como se olhassem para uma criança que está se desenvolvendo ou para o cachorro que está sendo adestrado. Como agem nessas ocasiões, quando a criança ou o cachorro faz algo de positivo, de produtivo?

Vocês elogiam, os presenteiam para incentivá-los, e é assim que devem fazer, devem cuidar de vocês da melhor maneira possível. Muitos, acreditam que vieram aqui para serem "bons", mas isso não é verdadeiro, vocês vieram para experienciar, viver o que vocês estão vivendo, para serem felizes, para redescobrir o amor que existe dentro de vocês, e o amor é o combustível para expansão, sempre.

Ele é o condutor que une todas as coisas, vocês não podem se esquecer disso, por isso que todas as vezes que sentirem que as vossas vidas estão se expandindo, é porque o amor de dentro de vocês está transbordando.

Como cultivar a Luz/Amor dentro de si

Essa é uma dúvida muito comum entre vocês amigos físicos, e nós queremos ajudá-los nisso. Vocês são Seres de Luz, e para quem não sabe ainda, a Luz e o Amor são praticamente a mesma coisa. Então se conclui que tudo aquilo que vocês denominam de "eu" é constituído de Amor, de Luz.

Sejam os vossos corpos sutis ou os vossos corpos físicos, tudo é constituído de amor. Muitos acreditam que não são "bons" o bastante porque não fazem o "bem" para os outros, mas na verdade, eles se sentem assim por uma única causa, eles não se amam o bastante.

Quando vocês colocam o "bem" do outro, acima de um sofrimento vosso, vocês na verdade reforçam a crença do merecimento, *"eu estou fazendo isso, mas um dia receberei em dobro o que estou fazendo agora"*, e vivendo dia após dia na infelicidade e aceitando como normal, como "destino".

Continuando a vida dessa forma, vocês cultivarão frustrações e mágoas, pois estarão instalados na parte mais baixa da escala de emoções. O amor é cultivado primeiro dentro e depois se isso der prazer a vocês, ele pode ser cultivado fora, para os outros. Vocês devem manter um respeito muito grande com vocês mesmos, pois todo o vosso mundo começa com vocês.

Vocês devem começar a respeitar os vossos gostos, as vossas decisões, mesmo que os outros não as entendam. Vocês não precisam da aprovação de ninguém para serem quem vocês são, pois, se as pessoas que estão perto de vocês não conseguem enxergar que vossas escolhas são por amor a vocês mesmos, então, deverão refletir se elas estão ou não na mesma frequência que a de vocês. Cultivando o amor por si mesmo em primeiro lugar, é igual a expandir a Luz dentro de vocês, e a Luz/Amor é igual a plenitude, felicidade e alegria.

Então, busquem a si mesmos e encontrarão a Luz, busquem o amor-próprio, e encontrarão a felicidade permanente que existe dentro de cada um…

… e com isso se conclui o livro.

Luciana Attorresi - perfil da autora e Canal deste livro

Luciana Attorresi nasceu em 1977, na cidade de São Paulo – Brasil. Teve uma infância um pouco diferente no aspecto espiritual, desde pequena dizia que sentia através das portas a presença e a energia das pessoas. Mas no decorrer dos anos, sua sensibilidade foi sendo escondida por véus.

Somente em 2012, um forte despertar lhe atingiu com uma grande transformação. Dali para cá, ela entendeu que a religião não fazia mais parte dela, que a liberdade de se ver como um Ser de Luz, era maior que qualquer compromisso religioso, e que era a hora de partir em busca de se lembrar quem ela era.

Sua busca, inicialmente, foram de estudos e leituras, mas foi a prática da meditação que lhe deu o gatilho para abrir as portas do Universo, e aquilo que estava no seu plano de Alma, começou acontecer como uma avalanche.

Tudo aconteceu muito veloz, e depois de estudos, crenças limitadoras transcendidas, ela enfim, pode se colocar pronta para cumprir a sua missão.

Esta Canal, como Ser de Luz é …

> " … uma grande representante do feminino, que decidiu ajudar Gaia e experienciar a 3° dimensão. É uma grande geneticista que ajudou muito na reconstrução do DNA humano com suas pesquisas. Trabalhou muitas vezes ao lado de Divina Maria para ajudar a humanidade se libertar de programas mentais que os tornavam escravos de outras raças. Trabalhou ao lado de Asthar Sheran para o recrutamento de Seres em toda a Galáxia, assim também com os Sirianos. E isso são apenas algumas coisas ao seu respeito. "

Sananda

Percurso da Canal

Esta canal iniciou canalizando mensagens em texto em 2014, posteriormente **apoiada pelos Abraham**, aconteceu a primeira mensagens por voz. As mensagens dos Abraham que inicialmente também foram em texto, começaram em 2 de fevereiro 2015.

Em 11 de abril de 2015, a Canal iniciou juntos aos ABRAHAM, a segunda parte do seu percurso junto a Eles, o trabalho consistia em oferecer ao público interessado, em fazer consultar pessoais.

No mesmo mês corrente, a Canal ainda teve a maravilhosa surpresa de saber que os ABRAHAM queriam através dela, realizar um programa semanal transmitido ao vivo pelo Youtube, onde as pessoas enviariam suas perguntas, e Eles às responderiam ao vivo. Em 17 de abril de 2015, a Canal foi convidada pelos ABRAHAM **para escrever o primeiro livro no Brasil.** O livro "O poder interior" que foi publicado em 15 de junho de 2015.

Entre tantas coisas que conversaram na primeira visita, Eles disseram:

"… você fez tantos contratos de planos interessantes, **e nós estamos entre Esses teus contratos.** *Você tem um contrato conosco para levar as nossas* **mensagens de empoderamento para as pessoas,** *assim como a Esther, porém é claro que cada uma de vocês tem suas características e nós respeitamos e amamos a todos de igual maneira, mas mesmo que o nosso contrato seja diferente,* **será um trabalho intenso e cheio de Luz da mesma forma.** *"*

A Canal tem também o auxílio de seus Mentores nas canalizações, são Eles:

Arcanjo Miguel, Divina Maria, Arcanjo Metatron e Mestre El Morya. Além de muitos outros Seres de outras dimensões que mantém contato e acesso à informações.

Quem são os Abraham

São uma entidade de Seres de Luz, uma fusão de várias consciências. Iniciaram a se manifestarem em meados de 1986 através da reconhecida internacionalmente, Esther Hicks, respondendo à perguntas de questões econômicas e espirituais para um pequeno grupo de amigos íntimos do casal, e até hoje, respondem junto a Esther Hicks perguntas diversificadas para muitas pessoas espalhadas pelo mundo - principalmente para os que participam dos seus seminários que são ministrados em cidades americana.

Os Abraham hoje, se apresentam como esse codinome, apenas para Esther Hicks e agora para Luciana Attorresi,(2/02/2015) e essa informação, **nos foram dadas por Eles.**

Em 26 de março de 2015, através de uma canalização de voz, os Abraham explanam mais um pouco de quem são, segue um trecho da mensagem:

"Nós somos um grupo de Seres de Luz de 7°, 8° e 9° dimensão e acima, sabemos que as pessoas gostam de ter um nome e de chamar por um nome, então, resolvemos que era importante sim, para melhor compreensão, que nós tivéssemos um nome, mas nós vemos

isso de uma forma diferente, para nós o nome não é necessário, para nós o nome é mais uma distração do que uma ajuda, mas compreendemos pela visão de vocês, que seria ao contrário. O Nome nos dá credibilidade, porque vocês não são capazes de sentir e identificar a presença de outros Seres, de Seres que vossos olhos não detectam...”